真誠

Be real not perfect

楊佳燊 著

從菜鳥助理到跨國企業CEO
關於職場、關係與人生的啟發

我不是一個汲汲營營的人，也很少刻意去想未來的目標，但當有想做的事情，我都會盡力去做，有機會絕不放棄。我相信只要真誠地做自己，好運就會來臨。

Chapter 02

Chapter 03

成就自己的解方

在五十年的生命經驗中，遭遇了各種課題，有些堅持，有些改變，有些放過別人，有些放過自己，也發現做自己不能全靠自己。

推薦序

往前走，留在原地，就會被淘汰

何飛鵬　城邦媒體集團首席執行長

我跟Jason認識大概有十九年左右，那時他剛創業一年，一轉眼十多年過去了，他的公司已經從最初不到十人的小公司發展到了超過百位員工的跨國數位媒體行銷集團。我也是三十多歲開始創業，當時就是想做就去做，從商業周刊到書籍出版，再到電子媒體，不斷因應變局，革新調整，現在城邦已經是台灣最大的出版媒體集團。

一路走到現在，我觀察創業要成功有幾個要素，首先是恐懼求變，其次是要會帶人與用人，再來是要持續學習；貫穿這幾個要素的核心就是Jason在書中一再提到的真誠與踏實，因為領導者的價值觀會決定這個企業是否走在正確的道路上。而一個企業的領導者更要體悟自己承擔的是社會責任，不是一己之利。

Jason對未來的變動有非常高的敏感度，也敢於求變，一察覺到變動，就迎向前去挑戰。他創業初期，從無名小站的網頁看見商機，就去找門路接洽，果然無名小站幫助他的公司立穩了根基。之後，web2.0的時代來臨，他又嗅到了未來的趨勢，就馬上去試去行動，整合分眾網站。很多人會失敗，是停在只有想，沒有行動力，時機就錯過了！

企業要經營得好，則要有一個非常厲害的團隊。而領導者要能將這些完全不同的人組合在一起，並且把人用在對的地方，賦予他好的任務。這點Jason也做到了！他從一個只看業績就升遷職員的濫好人老闆到求賢用士，用一年多的時間等待一位適任的營運長，善用專業的經理人，制定公司制度，團隊和公司才能有更大的發展空間。

創業，從來都不輕鬆；企業要永續經營下去，更不容易。尤其世界變化非常快，面對未來，不能用現況或舊經驗去對應它，更要跨出自己熟悉的舒適圈，與時俱進，才不會被淘汰掉。所以很多人已經是一家公司的老闆或主管了，還去上企家班或EMBA。Jason也是這樣，忙碌工作中還去取得台大EMBA學位、開設Podcast《Jason好好聊》，督促自己一直往前走，去學習自己既知領域之外的事物。

這些故事經歷，Jason都寫在書中，工作或生活，有樂趣也會有困難，這些都是人活著就無法避免的挑戰，但是只要克服了這些困境，去完成了那些沒做過的事，就會很有成就感，也才能讓我們自己或是企業一直往前走，並且屹立不搖。

推薦序

真誠，就有力量

林之晨
台灣大哥大總經理
AppWorks董事長暨合夥人

讀這本書，我腦海中不斷浮現的，是楊佳燊（Jason）燦爛真誠的笑容。Jason的故事，沒有驚心動魄的商業奇謀，也沒有炫目的成功套路。他從一個駐唱的校園歌手，到電視台的超級業務員，再到網路創業家，每一步都走得踏實而穩健。他的成功，不是來自什麼超凡天賦，而是源於他三十年來始終如一的信念：「做人做事，真誠才能走得長遠。」

書中分享了許多他在職場和創業路上的真實經歷，從退伍後的第一份工作、與無名小站的合作，到後來創立傑思整合行銷，並引進日本上市公司投資，每個故事都充滿了真誠與坦率。

「人對了，什麼都對。」這句看似簡單的話，卻是Jason多年來在職場和商場上深刻體悟出的道理。他從不吝於分享自己的經驗，也從不迴避自己的不足。他坦言，自己曾經是個「濫好人老闆」，也曾因為過於重感情而影響公司的決策。但正是這些經歷，讓他一步步蛻變，成為一個更有智慧的領導者。

「努力只是成功的必要條件，但選擇往往比努力更重要。」Jason的職涯發展，也印證了這一點。他懂得在適當的時機做出選擇，勇於踏出舒適圈，但也懂得穩紮穩打，不盲目追求速度。

「自在，就是全力以赴之後的順其自然。」是Jason現在的人生哲學。他曾經歷過健康危機，也曾面臨無數挑戰，但就是這個理念，讓他的內心始終保持從容。

《真誠Be real, not perfect》不僅是Jason的創業奮鬥史，更是一本充滿溫暖和智慧的職涯指南。它提醒我們，真誠，就是做人最大的力量。

希望你也能享受Jason這本書所帶來的感動。

推薦序

嗨！老鄰居，在時間的長河裡好好做自己

蔡詩萍　作家、台北市文化局長

如果我很客套的話，那寫這篇推薦序「就必須蠻客套」了，我可能會說：Ladies and gentlemen關於我所認識的傑思・愛德威集團的創辦人兼執行長楊佳燊先生，他是一個……。

若這樣，這篇推薦就很老套了。

事實上，我每每遇見他時，最愛用的稱謂是「嗨！老鄰居」、「嗨！大帥哥」、「嗨！佳燊兄」。我幾乎不太清楚他的職場抬頭。

而我慣用的稱謂，更貼近我跟他的關係。

我不在他的業界，所以他的職場成就到底如何，我真的不那麼瞭解，可是，他的確是我的老鄰居。我們的住家，曾在隔壁棟，我們是這樣認識的。

我認識他，或他給我最初的好印象，完全與職場利害無關，我第一個印象便是，這鄰居老弟真帥，給人很舒服的親切感。多碰面幾次後，尤其是我在跑步時，他或者也跑步，或者也騎車，狹路相逢時（真的是狹路喔，兩個社區旁就那麼一條路啊），必然要停下來聊幾句。人與人之間，到底投緣與否，這樣的寒暄打招呼，最準確，不需多言，好感自然，他可真是年輕英俊啊！

後來他搬離我們隔壁社區，換到其他地方，但反而我們在台北市裡，有了更多相遇的機會。我有許多他的朋友，他有不少我的朋友，漸漸的，我才知道這位「佳燊兄」原來是年輕創業家，是網路時代來臨後，很快抓住網路廣告行銷這領域主流市場的年輕創業家。他事業越做越大，但年輕，英俊，爽朗，真誠的笑容，始終掛在臉上，我總感覺他似乎永不疲憊似的！

若非發自內心熱誠喜歡自己的工作，若非把創業當成驅動自己日常的挑戰，是很難長期保有這種氣質的。

隨著他投注的事業越做越好，我在不少朋友的談話中，在不少媒體的報導中，有了更多認識他的機會。佳燊兄展現了一種屬於網路世代的人格特質，很精準的知道時代來臨必須勇敢去敲門，並熟悉他必須熟悉的專業。

但我在他身上，亦同時感受了歷來在創業領域內所有創業者的共同特質，努力、認真，如海綿一般的吸取新知，咀嚼反芻他人給予的經驗，而且，很願意讓自己的企業洋溢年輕的朝氣。

這本書《真誠 Be real, not perfect》，細細訴說了他五十人生的來時路。沒有人是完美的，畢竟人是活在社會性的網絡裡，橫看成嶺側成峰，要博得完美很難。可是，人卻可以堅持初衷做自己，不求完美但求問心無愧，那是一種真誠的自我期待。說實在話，Be Real 也不容易啊！

佳燊的人生路還很長，出這本書，其實壓力不小，未來能否一本初衷？未來的未來，他會是怎樣的一幅新貌？這本書都會被拿來做為檢視的一個座標。我只能以老大哥，以老鄰居的身分，鼓勵他繼續 Be Real，別在乎完美不完美，在時間的長河裡，做自己。

推薦序

真誠以對，人生路不擠兌

謝明慧　台大管理學院產學發展副院長

自二〇二二年十一月底，也就是ChatGPT正式問世以來，剛從新冠疫情逐漸緩和而稍獲喘息的人們，以為生活會慢慢回到「正常」的過去，未料一顆無聲的人工智慧巨彈，卻在一夜之間，炸開全球的舊腦袋與新視野，媒體上無日無夜的討論、測試、謾罵、預測，也平息不了人們的慌亂與驚恐；最首當其衝的，就是媒體人自己——這個世界還需要我嗎？

事實上，就連身為教育工作者的我，也不免開始思考：我的角色該有什麼轉變嗎？我今後該如何啟發我的學生，幫助他們在就業、創業與管理經營的路上，進一步調整新方向，揚棄舊思想呢？所幸在我的學生中，不乏優秀範例，或可引領在AI浪潮衝擊下，新一代年輕上班族，與懷抱理想的創業家或經營者，恆久不渝的正確方向，其中Jason（楊佳燊同學）便是絕佳代表。

台灣科技行銷界知名的CEO，學生時代卻從餐廳駐唱做起。退伍後，擔任業務AE的第一年，就替公司帶來近一億的業績；爾後，他用七萬五千元創業，最終成為四大領域的整合性數位媒體行銷集團執行長。

所謂管理，終究不離人性；科技再先進，也必須為人所用。商業服務的終極價值，必然在於滿足客戶的期待；上班族與經營者的基本功——真心理解與誠懇務實，何嘗不是亙古以來的生存真理？一路走來，除了真誠以對，Jason也從諸多「鄙事」中累積了「多面型」（versatility）的硬實力，而這種集大成的領導力更是身處VUCA時代的珍貴資產。

值此人心惶惶、前途茫茫的人工智慧大世紀，我有幸與Jason亦師亦友、教學相長。希望Jason在書中所堅持的真誠，將如定海神針般，不僅是劃開市場紅海的利刃，也是指引經營方向的羅盤；更期許這股台灣人獨有的特質，成為我們年輕一代未來在全球發揮價值的最大力量。

Jason是我們TVBS的老同事，當年他是業務部的顏值擔當，更難得的是，在高壓的媒體環境下，他的臉上始終保持笑容，能量滿檔的熱情充滿感染力。離開電視台創業的朋友不少，但能成功轉型的不多，Jason必定有他職場淬鍊多年的獨到心法。若您正面臨職場的交叉路口，或是剛步入管理階層，本書陳述的情境案例，相信有借鏡之處。祝福！

——岑永康、張珮珊　節目主持人

Jason和我相識超過二十年了，從當初在無名小站的日子，到現在他成為跨國企業的領航者，這一路我們經歷了許多合作和故事。Jason是那種讓人一見如故的朋友，他的熱情與真誠總能感染周圍的人，讓人不自覺地想和他一起追夢。

讀他的《真誠Be real, not perfect》，我彷彿重新看到他過去幾十年來的心路歷程。Jason沒有華麗的說教，他寫的每一段經歷都像是在跟你聊天，坦白而直接。他會分享那些高峰時的喜悅，也不避諱低谷中的掙扎。這本書就像他本人一樣，帶著獨有的真實魅力，讓人讀來既感動又充滿力量。

書中談到「真誠」這件事，我特別有共鳴，因為Jason用他的行動告訴我：保持真誠，不是為了完美，而是為了更好的連結與成長。這些話，我們在一次次的深夜討論裡聊過，在共同努力的日子裡也不斷印證。如果你正在尋找職場、人生的方向，Jason的故事絕對能帶給你不一樣的啟發。

——林弘全（小光） 無名小站共同創辦人

十幾年前與Jason在朋友的生日餐會上認識，一直到成為政大企家班的學長，一路看到傑思．愛德威的成長與茁壯，深感佩服。尤其在閱讀Jason學長的新書後，甚為感動，金句名言不斷，如：「自在中全力以赴，全力以赴之後一切自在」、「與投資者相處之道：用數字說話，比任何人都真誠」、「圓規理論：定錨穩了，人生就圓了」、「學習管理，不如找對的人來管理」，「把話說透，把愛給夠」、「管理上要的不是顧忌，而是坦誠」、「制度優先，溫度隨後附上」等，對於剛進入社會的新鮮人有著引導激勵的作用，對於想創業的人無疑是最佳的教材，想要在管理上更精進的人更是值得一看。世杰誠摯推薦Jason學長這本勵志新書，絕對是您不可錯過的一本好書。

——張世杰　鬍鬚張董事長

我和Jason認識近二十年了，見證了他從職場新秀到跨國企業CEO的成長。當年，他為我們的「愛情公寓」網站進行網路廣告代理，後來我也陪伴他走過日商投資的關鍵時刻，我們彼此給予過中肯的建議，成就了許多合作機會。Jason這本書更是他一路走來的心血結晶，他用最樸實的方式記錄下這段充滿挑戰的創業旅程，讓每位讀者都能感受到他的真心。

——張家銘　尚凡國際、大研生醫董事長

真誠帶來好人緣，好人緣帶來好人脈。真誠的人脈，客戶就是朋友，朋友就像家人。這是我在Jason身上看到的最佳特質，也是一份值得我們學習的寶貴精神。真誠待人，職場商場順風順水。

——張祐誠 ic! berlin總代理嘉晏光學創辦人暨執行長

隨著書中Jason（佳燊）充滿感恩的職場回顧，似乎也喚醒了自己幾十年職場裡許多影響深遠、但又不常有機會訴說的故事。對我來說，讀這本書的過程，像是聽一位好老師把自己上了一學年的課程從頭複習一遍。

職場老將如我會有這樣的感觸，是因為Jason細細地梳理了他一路經歷的各種起伏、機遇與挑戰，誠實地剖析他的心態和決策過程、成功與挫敗的原因；而這一切對於每一位在職場經歷多年的人都必然有一些可以對照、反思的情境，甚或會有「心有戚戚焉」的感觸。如果讀者在職場的資歷尚淺，或是正在奮力衝刺，那麼更應該細讀這本書，書中描述的情境與歷程，雖然未必會是每位讀者即將經歷的道路，但是如果能把他人的經驗轉化為自己的知識存儲，未來遇到類似場景時，或許也能帶來茅塞頓開的啟發。

我在二〇一七年十月加入LINE Taiwan，很快地就在同仁的報告中認識了Jason的傑思．愛德威團隊：我注意到這家公司是我們企業解決方案事業部非常重要的夥伴，而且連年都是業務夥伴中的績優團隊。其後在各種交流活動中進一步認識了Jason這個優秀的領導者，他對於公司成長的樂觀與熱情，最讓我印象深刻。我很欣賞他這樣一位對自己的企業有明確願景，並充滿幹勁地帶領團隊的領導者；也看到他這樣的熱忱為他吸引了優秀的團隊，整個團隊都活力十足地衝刺工作，而在活動或聚會中也都充滿創意，盡情享受。

隨著各種機會逐漸深入認識Jason，我注意到他是如何積極地推廣著「打群架」的跨業合作觀念，也看到他不只在嘴上說，也在他的事業中、團隊的領導中一次次實踐。後來受邀在他的Podcast《Jason好好聊》第七集中擔任來賓，剛好讓我們兩人有一段完整的時間，透過各自事業經營中的許多事例，再次印證這個概念，雖然是在進行Podcast的錄音，兩個人還是聊得欲罷不能。

正因為最近這七年左右的職場軌跡與Jason的交會，讓我看到職場中的Jason和書中的主述者的身影重合，更加相信這個人心裡所想、口中所說、手裡所做的一致。也讓我有信心向讀者們推薦這本書，以及書中所傳遞的信念。相信你在閱讀之後，無論本來是否有機會認識Jason本人，都會被這些誠懇訴說的職場故事所激勵、啟發。或許這本書會為你自己未來的職場故事提供各種養分，或是當你和我一樣，因為讀這本書而回味自己的職場故事時，像一位互相理解的老友，為你帶來安慰與鼓勵。

——陳立人 LINE Taiwan董事長暨執行長

第一時間拿到Jason的這本書稿，我心中便驚呼：「他真的做到了！」上半年我們還在一起討論如何搞定EMBA論文，他當時就提到想要出書，沒想到如今我便受邀為他的著作撰寫推薦文。儘管我與Jason結識僅三年，但我們有許多共通點——我們都來自新竹，更因創業路上的共鳴，而成為彼此的支持者。Jason的職場故事，不僅是他的奮鬥史，更是每位創業者的心聲。他從業務助理一路成長為跨國企業CEO，每一步都堅持真誠、全力以赴，這份勇敢無懼的精神，讓我們在各自的創業旅程中彼此激勵。

Jason在書中談到他的「三心哲學」：同理心、不貪心、感恩的心，正與我認為創業者應該具備的「善良、正直、同理心」相契合。我辦公桌上的書鎮刻著「熱誠Enthusiasm」，而Jason正是以滿腔熱誠書寫了台灣行銷界的精彩故事，他毫不保留地分享了這一路的實戰經驗，讓我深受感動。創業之路充滿高峰與低谷，但只有懷抱真誠與熱誠，全心投入，才能化險為夷，明白柳暗花明後的美好。Jason帶領的傑思．愛德威團隊在業界獲獎連連，二〇二三年Jason 亦以優秀的領導才華獲得100 MVP經理人獎，無疑是見證他在企業經營上的卓越成就。

Jason，我以身為你的朋友為榮。

——陳俊嘉　H2U永悅健康股份有限公司創辦人暨董事長

仔細回想，我認識Jason竟然已經二十年了！從《數位時代》創刊早期認識Jason，他當時剛離開TVBS創立自己的公司，並代理「無名小站」和當時數個台灣知名網站的廣告。二十年來，他在台灣網路廣告產業中不斷拓荒，持續成長，不僅他所創立的公司成了台灣網路廣告產業的長青樹，他個人也蛻變成一個跨國公司的成功領導人。

這樣的成果得來不易，也令人佩服，所以，相信很多朋友都和我一樣高興，始終熱情又真誠的Jason終於出書了！相信透過這本新書，可以讓更多人分享並學習他二十年來成長的寶貴經驗和心法，更可以幫助讀者，在困難中獲得勇氣，在迷惘時獲得啟發，在瓶頸時獲得突破，更重要的，獲得在職涯中不斷成長的人生智慧。

祝福正在閱讀此書的你，用和Jason一樣的熱情和真誠，成就更好的自己！

——陳素蘭　數位時代執行長

Jason是我十分敬佩的朋友，一個憑藉努力和堅韌，從廣告行業的小兵一路成長為新媒體領域的王牌代理商。他的成功不僅來自於專業能力，更來自於他對朋友與合作夥伴的真誠相待，這種珍貴的特質在今天的商業世界尤為難得。在這本書中，他毫無保留地分享了自己的奮鬥歷程與心路歷程，對於正在尋找方向的年輕人，這是一本充滿啟發與實用建議的好書。我相信，每一位讀者都能從中感受到他的熱情與智慧，並找到屬於自己的成長力量。

——陳婉若　伊林娛樂副董事長

楊佳燊，「真誠」的最佳代名詞。

他，一間電視台的小業務、一間國際數位媒體集團的創辦人，一位我在台大EMBA的同窗摯友，一個只要一接觸就知道他絕對值得你深交的人生重要夥伴！他的氣場，你可以在很短的時間，很遠的距離，便能感受到一股力量，那是既真心溫暖又充滿希望，並具備集眾人焦點目光的魅力，完全符合他這本新書的主軸，總是散發出一種真誠待人的信念。

從開始收到出書邀約就一路與Jason和好朋友們，大家一起進行概念發想，到書名的定案，一直到現在終於將作品問世，從旁參與並看著他的人生故事，自己也宛如經歷了人生跑馬燈般，激動又感動。這本書，這不僅是Jason多年職場智慧的結晶，也是他人格魅力的最佳寫照。

Jason的職涯旅程如同一本教科書般激勵人心。他從業務助理一路走到跨國企業的CEO，這不是靠運氣，而是靠對夢想的堅持與執行力。他懂得在逆境中找到機會，也懂得如何團結人心，激發團隊的潛力。他的成功，不僅來自於對數位媒體產業的深刻洞察，更來自於他對人性的真誠關懷。Jason總是將人放在故事的中心，無論是他的同事、客戶，還是他的朋友。這份真誠，讓他成為一個備受信任的領袖，也讓他的企業散發出與眾不同的溫度。

對我而言，Jason不僅是一位成功的企業家，更是一位難得的朋友。他總能在繁忙的工作中抽空與同窗分享他的經歷，甚至主動提供建議與資源，幫助我們共同成長。他的每一次分享，都蘊含著深刻的洞見與溫暖的支持，讓人覺得職場上的每一個挑戰都是值得的學習。這正是Jason的魅力所在：他不僅專注於自己的成功，更熱衷於啟發他人，帶動周遭每個人一起成長。

這本書的問世，對Jason而言，是一個重要的里程碑；對讀者而言，則是一份珍貴的禮物。我相信，每一位翻開這本書的讀者，都能從中感受到他的智慧、真誠和幽默，並找到屬於自己的啟發與力量。

Jason，我為你感到無比驕傲，也真心祝福這本書能感動更多人，成為大家在職場與人生中重要的指引。你的故事，值得被傳頌；你的真誠，值得被仰望。

——陸嘉琪　理想PAARK水岸生活總經理

這本書是Jason梳理自己由員工到創業、由創業到壯大的一本整理性回顧，回顧了他的家庭傳承、職涯發展與創業辛苦談。既有檢視自己的領會，也有創業的心法，值得一看！

我特別注意到他最後一章的人生優先清單，在他五十歲就開始思考生命的意義及幸福的本質，非常不簡單。他對看見與傾聽的領悟很不得了！

期望大家跟Jason一樣，能知道：事業要在心安的基礎上才值得努力，以及家庭幸福是自己的修為，人生必須在家庭與事業間平衡性發展。

——鄭家鐘　台新銀行文化藝術基金會董事長

認識Jason二十多年來，無論是在工作合作上、學業進修上，或者是在公共事務上，我都跟他有很多的交集，他最令人佩服的就是無敵強大樂觀進取，且無懼的天生創業人的特質。在他人眼中艱難無法突破的抉擇，對他而言，總是在看似輕描淡寫之下，又是創造出無法超越的障礙，「真誠」且如沐春風是所有人與他相處後的最大感受。最近又看到Jason不藏私把他成功心法透過著作來跟大眾分享，實在是所有讀者的福氣，千萬不要錯過。

——盧炳勳　台北市廣告代理商業同業公會理事長、電通媒體事業群執行長、貝立德股份有限公司總經理很可惜，打開這本書的你，從文字中無法直接看到Jason真實具感染力的笑容。雖然我和Jason認識的時間並不算長，但我們一見如故。他是個極具感染力的創業家，還記得在他的Podcast節目《Jason好好聊》上，我和他分享了許久沒有提起的，在當兵時拯救軍犬的故事，他流露出的共鳴與關懷讓我印象深刻，也讓我可以放心地分享內心的感受，更體會到他在乎的是真實與感動。

認識Jason，總讓人覺得像遇到了一個永遠充滿熱情的大孩子。他的性格直率、真誠，對於身邊的一切都充滿興趣與好奇，這樣的特質讓每個與他相處的人都覺得安心，彷彿可以毫無保留地分享自己的故事與想法。

在這個渴望完美與速成的時代，真誠顯得格外珍貴。這不是一本教你追求成功的速成指南，而是一段關於堅持自我、累積價值的溫暖旅程。Jason以自身豐富的人生經歷，將年輕時的奮鬥與試探，化為今天的深刻領悟。坦誠面對自己的不足，卻也不忘追求夢想。從民歌餐廳的駐唱歌手到國際舞台的探索，從職場助理到創業家的心路歷程，每一步都彰顯了真誠的力量。

還記得我剛出社會時，努力想要擁有能感動別人的能力，而現在，工作多年後，發現讓自己擁有被感動的能力更為重要。工作久了，我們很容易建立自我保護機制，而慢慢成為戴上面具的樣子，多久我們沒有辦法誠實面對自己？從這本書中的人生經歷，讓我知道原來即便在職場上面對各種困難，仍然可以真誠以待，並且激勵人心。

願這本書成為你做自己的勇敢指引！

——龔建嘉　鮮乳坊共同創辦人暨執行長

作者序

選擇與成長之路

「Jason，你要不要出書？你的經歷我認為可以出一本書。」當城邦媒體集團首席執行長何飛鵬對我提出這個邀請時，我不免有些受寵若驚。畢竟我從來不覺得自己有什麼特別的地方。我的故事，真的值得寫成一本書嗎？

但當我靜下心來思考何社的建議時，我想，如果能得到一位媒體出版界大前輩的肯定，那我又有什麼理由覺得自己做不到呢？

而真正讓我決定提筆寫這本書的動力，是發現自己剛過五十歲之後，心態上有了一些奇妙的自然轉變。這一路走來，我真的非常感恩，深知有今天的這一點小成績，絕對離不開一路上那些貴人和願意幫助我的人。創業二十多年來我獲得了許多，現在有能力，也想要對這個社會有貢獻，成為一個有價值、能利他，還能夠為社會帶來正能量的人。

寫這本書的過程，讓我重新回顧過去近三十年的職涯與生活。我從一個電視台的助理，進入數位廣告領域創業並深耕至今。感恩的是，無論遇到多少挫折和不如意，我對這份工作的熱誠始終未曾熄滅。

我發現，能找到自己真心喜歡的事情並持續投入，真的是一種幸運。這個熱情不僅成為我生活的動力，也讓我在面對挫折時，能夠重新站起來。

然而，我也看到，很多人對工作的態度不太一樣，有些人只把工作視為賺錢工具，難以找到熱情所在；也有人雖然工作能力很強，但在人際關係的應對或與人相處上容易卡關，這些迷茫或對抗不僅耗費自己能量，還可能失去一些好的機會，我覺得很可惜。

常有年輕的朋友問我：「Jason哥，你是怎麼樣做到今天的成績？」坦白說，我真的不知道，也常常很直白地回答，就是感恩和幸運。或許這聽起來很籠統、像是官話，但這真的是我的體悟。如果只能用一句話來講，我想我可以很有自信地說，老天爺會給我這麼多，或許是因為不管面對什麼情況，我始終願意選擇做一個善良、誠懇並願意感恩的人。

這也是我想分享這些故事的原因，並不是為了說教，與其說是職場經驗談，不如說是我一路走來，在面對人和各種狀況時做人處事的心得體悟——我從一個職場菜鳥、廣告AE，到創業後與不同朋友、前輩、同業的相遇與啟發。這些小故事，看似平凡，卻記錄了我在各種情況下如何選擇面對，如何慢慢走出自己的路。這一路的選擇和成長，就是我的故事。

如果這些故事能帶給你一些共鳴，一些感動，或幫助你跨越生活或工作中的類似挑戰，那麼它就有了值得分享的意義，對我來說，就是再開心不過跟滿足的事了。

Chapter

01

年輕時代，
每件事情都埋下了因

我不是一個汲汲營營的人，也很少刻意去想未來的目標，
但當有想做的事情，我都會盡力去做，有機會絕不放棄。
我相信只要真誠地做自己，好運就會來臨。

駐唱的校園歌手

前陣子，我偶然看到一段關於視覺化的影片，講述如何將夢想和願望轉化為現實中的實相。影片中提到，只要把你的夢想變成清晰的圖像，不斷在腦海裡回放，這些圖像就能在你心中形成一種強大的意識，帶你一步步接近你想要的理想生活。聽起來簡直像是魔法一樣！

於是，我心中充滿了期待，決定試試這個「顯化」法。然而，幾次嘗試後，我卻意外發現，原來我從小就有類似的顯化經驗。在我的學生時期，其實早已經有那些夢想成真的故事在悄然上演。

堅持喜歡的事情

國中畢業後，我選擇了北五專的新竹大華工專（現在的「敏實科技大學」）。開學那一天，我才剛坐下，眼前就出現了一位穿著卡其色大學服的帥氣學長，猶如電影中的主角一般走過教室窗外。聽說他不僅是學校的風雲人物，還在民歌餐廳駐唱。當下我腦海裡冒出一幅畫面——我也想要變得像他那樣帥，也想要在民歌餐廳駐唱！於是，我開始默默地學吉他，心中感覺總有一天會與他認識。

不久後，我便真的認識了這位學長，並在他的介紹下，在新竹火車站前的吉普賽民歌西餐廳當起了駐唱歌手。還記得第一天上台緊張的不得了，到後來越來越自在，不管台下聽眾有多少人，我都很能自得其樂。而我的時薪也從一開始的一百八十元升到後來的五百四十元。這份收入對當時的學生來說算很高的，但讓我樂此不疲的始終是對唱歌的熱愛。就這樣陸陸續續駐唱了五年，我的學生時期幾乎都是泡在民歌餐廳中度過的，對學校的印象反而有點模糊。

記得有一次下班後，餐廳的哥哥姐姐們邀我打麻將。打了一整晚，直到隔天清晨六點，到家那一刻，我只覺得好累！我把贏得的錢攤在床上，數數有七百元。我想著，花了整個晚上又累得要命才掙七百元，這樣應該也不會變成有錢人，然後就趕緊倒頭睡覺。然而，幾天後我又忍不住參加牌局，這次卻賠了七百元，回到家時不僅覺得身體疲累，心情更差。

那一刻，我突然明白了自己的性格：我不喜歡做沒有累積的事情。這裡的「累積」指的是努力和時間可以換來長期的成就或回報，不管是知識、技能、經驗，還是金錢。但像牌局這類活動，它的結果是不可控的，無法透過多次參與來形成穩定的收穫。雖然當下會讓人覺得很刺激，最後卻什麼都不會留下，這是我後來不太愛再參加牌局的原因。

如今，回想起過去，我發現自己至今許多處事習慣源自年輕時的經歷。這或許是性格使然，也可能是環境影響，無論如何，這些都造就了今天的我。對於感興趣，有熱情的事情，我會一股腦全然投入，花再多時間也不覺得累；但是對於興趣缺缺的事，或是我覺得沒有任何累積意義的事，我也勉強不了自己去做。

從民歌西餐廳到國際舞台

年輕時的每一段經歷，彷彿都在為我的未來鋪路。進入社會後，我獲得了一個展現自我的機會。憑藉著學生時期的駐唱經歷，我被邀請到新加坡參加音樂選秀比賽。這可不是普通的比賽，而是由日本富士電視台製作，專門挖掘亞洲年輕歌手的節目《Asia Bagus!》，在新加坡錄製，然後在亞洲各國播出，台灣則由TVBS轉播。

當時，我的工作是在開拓藝術推廣中心擔任執行製作助理，負責辦理演唱會的各項事務，因此有機會結識各家唱片公司的大哥大姐們。在一次輕鬆的閒聊中，日本波麗佳音唱片公司的主管得知我在民歌餐廳的駐唱經歷，還聽說我從未坐過飛機也沒有出過國；於是，他熱情地推薦我參加新加坡的音樂選秀比賽。這不僅是我人生中第一次出國，更享受了全程被招待的禮遇。現在回想起那段歷程還是覺得不可思議！

而更令人驚喜的事情還不止於此！在比賽的評審團中，出現一位來自台灣TVBS的主管——當時TVBS業務部的副理卓力宏大哥，他也成為我生命中的第一位貴人。因為我們同樣來自台灣，他對我格外照顧，卓大哥夫妻倆還帶我們一行人到當地逛夜市、吃小吃。回到台灣之後的某一天，卓大哥打電話來，詢問我是否有興趣去TVBS應徵業務助理的工作。

這通電話為我的人生開啟了一扇新大門。這一切的開始，都是源於我曾經在民歌西餐廳駐唱了五年的寶貴經驗。

回想過去，我能有這些機會，或許是源自我喜歡分享的個性，我有夢想，從不吝嗇表達給別人知道，就算自己有什麼缺點或不足，我也不會隱藏，不怕別人笑話，而是大方說出來。也許就是因為這樣，讓別人在有什麼機會的時候，自然會第一個想到我，並願意拉我一把。

幸福的大頭兵

從小，我對時間有自己的一套解釋。或許每個人一出生，運氣和條件都不太一樣，貧富差距更讓生活顯得不公平，但在「時間」這個公平的裁判面前，其實人人平等。雖然我不特別追求效率，偶爾也會偷懶，但在我心中那些認定重要的事情上，我很分得清事情的輕重緩急，我不喜歡拖延的感覺，會堅持讓自己先去處理那些最重要的事。

學生時代，對我來說最重要的就是順利畢業。那時候，年輕男生都要服兩年兵役，所以所有計劃都得等退伍後才能開始，像是謀職就業、出國旅行，甚至感情問題，多少都會受到影響——兵變更是大家都會擔心的事。所以我很清楚，只有當完兵，人生的規劃才算正式開始，就像打開一扇新世界的大門一樣。

所以，為了不耽誤入伍這件事，在五專的日子裡，雖然我把大部分時間都花在打工和民歌餐廳駐唱上，對讀書興趣缺缺，但還是努力地盡學生本分，讓所有課程在畢業前都通過，並在畢業典禮那天順利拿到畢業證書。然後馬上申請入伍，爭取快點收到兵單，好讓自己早點完成這個人生的「首要任務」。

順利入伍，來到嚮往的台北

很幸運，畢業後沒多久我就順利入伍。下部隊後被分配到了位在台北黃金地段仁愛路上的空軍總司令部負責送公文，也就是俗稱的「少爺兵」。從小我就嚮往台北這個大城市，每次和家人來台北探親，看到百貨公司、中正紀念堂、總統府等高聳的建築，心裡就充滿了憧憬，因為我知道，台北這裡有著我未來想要接觸的最新鮮事物，這個大城市充滿了機會。

我從小生長的新竹，是我熟悉的環境，而台北對我來說則是一片全新的天地。這段在台北當兵的日子，讓我如魚得水。每週三晚上放外散假，可就近去SOGO百貨逛逛，還能享受東區巷弄裡的好吃牛肉麵；每週放假就搭客運回新竹。即使當時面臨女友兵變再怎麼痛苦，也還能這樣安慰自己：「現在能住在夢寐以求的台北市黃金地段，不用交房租，國家還每個月給我九千多元的薪水，就別難過了吧！」

退伍前半個月，我在康樂室和學弟們聊天。「學長，恭喜你快退伍了，接下來有什麼打算呢？」說實話，當時自己心裡也沒什麼頭緒。雖然五專是念電機科，但對這個領域其實完全沒半點熱情，也沒天賦，當時心裡想著，如果不留在台北，可能就和大多數同學一樣，退伍後回新竹科學園區找工作。

就在這時，一位學弟提到了一個工作機會，他說之前實習的開拓藝術推廣中心正在找人。那是一間辦演唱會的公司，而且在台北，我的心瞬間被點燃了！於是我立刻積極的聯繫、面試，最後順利被錄取。記得當時的月薪是兩萬三千元，對三十年前的五專畢業生來說，算是不錯的收入了。

從當兵前抽到空軍，到在台北找到工作，這兩年的大頭兵日子，既充實又讓人懷念。退伍後，我就一直留在台北。而仁愛路上的空軍總司令部後來也遷到大直，原來的營區保存得很好，還用來辦文化創意活動。每次開車載女兒經過那裡，我心中總會湧起許多回憶，指著營區對她說：「那就是爸爸當兵的地方，那就是爸爸以前睡覺的寢室啊！」

基努．李維的司機

一九九六年電影《捍衛戰警》讓基努．李維舉世聞名，這部電影的火熱程度讓他成了無數影迷心中的英雄。沒想到電影在台灣上映半年後，開拓藝術竟有機會邀請他來台灣舉辦演唱會！當時他的聲勢如日中天，能參與這場國際巨星的演唱會，讓我興奮不已。更驚喜的是，我竟然被派去當他的司機！這可真是從天而降的好差事！

親自接觸到巨星的風采

基努．李維不僅是銀幕上的英雄，還是「天狼星合唱團（Dogstar）」的貝斯手。這個樂團雖然在二〇〇二年解散，沒想到在二〇二三年竟宣布回歸，網路上也開始出現他們的新MV。而基努．李維在現實生活中，是個完全不矯飾的大明星。

「什麼？開小貨車去接國際巨星？」當我接到這個任務時，滿腦子都是問號。原來基努．李維早就表示，不需要特別的接待，他希望一切低調。我猜，他可能不想讓團員們感到不自在，這種平易近人的同理心讓我對他更有好感。結果，我們可愛的老闆就這樣派了我去接機，因為當時全公司只有我會開小貨車。於是，我飛奔前往桃園機場，迎接這位國際巨星。

我開著公司的中華得利卡沿著高速公路飛馳，心裡充滿自豪。不過，這還不是最興奮的，台視、中視、華視的SNG車一路緊追在我的車子後面，彷彿一個小小的車隊，而我就是領隊。我握著方向盤，透過後照鏡看到基努．李維和他的團員時而瞇眼休息，時而看著窗外，我不禁暗想：天啊，幾個月前還在《捍衛戰警》裡和珊卓．布拉克一起拯救全車乘客的傑克，現在本人竟然在我車上！

終於，我們安全抵達台北晶華酒店，任務圓滿完成，成就感滿滿。然而，第二天卻因為一件意想不到的事被老闆叫去辦公室狠狠地罵了一頓。

老闆看電視才發現車有夠髒

原來當時，我開著那輛車原本是件風光的事，但偏偏因為前一天忘了洗車，車子髒兮兮滿是灰塵；更糟的是，這台中華得利卡才剛被拖吊過，車內外還貼著醒目的黃色拖吊標籤，我竟然忘了撕下來。於是這輛又髒又滿是拖吊標籤的深藍色小貨車，就這麼出現在全台灣的電視新聞畫面中，全國大放送。這畫面我至今還印象深刻。到現在自己還是想不通，我自認是個細心的人，為什麼那個時候會這麼白目呢？

我常跟同仁們分享這段故事，不是為了炫耀，而是想鼓勵大家不要害怕犯錯。每個人都會犯錯，重要的是不要犯同樣的錯。從那次的接機經歷後，我開始培養更周全的習慣。每當接到新任務，我都會多想一步，設想任何可能的狀況，儘量降低出錯的機會。這不僅讓我逐漸成長，也影響了我後來創業後對待年輕同仁的態度。我變得更包容，也鼓勵他們從錯誤中成長。

在開拓藝術推廣中心工作的那一年，我在三重租房子，每天騎摩托車到南京東路上班。那年因為日劇《一〇一次求婚》中的配樂而聞名的日本女鋼琴家西村由紀江來台灣，我也幸運地擔任她的司機，載著她在台北到處逛。雖然我不會說英文和日文，但靠著肢體語言和真誠的表達，依然能讓對方感到溫暖和歡迎。

後來，我還參與了許多大型活動，像是日本Hello Kitty劇團的巡迴演出、艾拉妮絲．莫莉塞特的台灣演唱會、巫啟賢演唱會等……雖然忙得不可開交，但也充實無比。而這一年，最令人興奮的莫過於超級巨星麥可．傑克森在台北中山足球場的演唱會。雖然那次沒能貼身接觸麥可，但在擔任整個活動的執行助理過程中，讓我見識到國際一流團隊的運作，感覺如夢似幻。從一個剛退伍的小夥子，到能接觸這麼多國際巨星，這一年真是不可思議的成長經歷。

電視台的菜鳥AE

台灣大聯盟的第一場正式比賽是在一九九七年二月二十八日，對我來說，這天意義非凡，因為這天我正式加入TVBS業務部。這也是我廣告業務生涯的起跑點。

之所以提到職棒聯盟，因為我一開始在TVBS的工作是擔任業務助理。業務助理的工作說白了就是跑腿，幾乎什麼事都要做，從訂便當、送文件到準備會議室，各種瑣事都要處理。要是有大客戶來訪，還得張羅接待，比如送水、茶點安排等，有時候還要幫資深的業務大哥大姐們做備忘錄，確保他們每次開會、見客戶時都有清楚明確的資料支援。

我還有一項重頭戲任務，就是專門協助業務前輩們到球場拍攝客戶的廣告看板，然後把照片提供給客戶。奇妙的是，原本只搭過一次飛機的我，接下來的一年幾乎每週要飛三次；那時候還沒有高鐵，每到比賽日，我就直奔松山機場的航空公司櫃檯刷卡買票，然後飛往台中、屏東、高雄，甚至台東，到了當地機場再搭計程車直奔球場，拍攝刊登或播出的廣告，結束後立刻趕回台北。

乍看之下這個角色好像做的事很瑣碎，但實際上，助理幫助大家解決了無數小細節上的問題，也讓資深業務員可以更專心在面對客戶上。這些經歷都是我在日後成為業務高手的練兵場。

報到第一天，從約聘變正職

這份工作的機會來自我在新加坡參加歌唱選秀時認識的卓力宏大哥，他當時是TVBS業務部的副理。那時我剛從開拓藝術離職，卓大哥打電話問我有沒有興趣到TVBS當約聘的業務助理。要知道，當年大學生心目中的理想公司排行榜裡，TVBS可是和奧美廣告、P&G寶僑等知名企業齊列前茅，因此有機會能進入TVBS工作，無疑是一件令人驕傲的事，所以我毫不猶豫就答應了。

更幸運的是報到第一天，業務主管突然告訴我：「恭喜你，這職務本來是約聘名額，但現在確定是TVBS正式員工。」

第一天就從約聘轉為正職，這種運氣可不常見！但說實話，當時我對廣告業務還是一知半解，心裡盤算著進入TVBS後或許能轉到其他部門。雖然我並沒有特別的明星夢，但若有機會調到節目部，接觸我一直都很感興趣的娛樂產業，看看藝人們在鎂光燈後的生活與工作，就更好了。

然而，這樣的念頭在第一週的業務會議上就被我徹底拋棄了！因為我發現業務部的前輩們年收入至少都在三百萬元起跳，這對當時才二十多歲的我來說，真是驚呆了！我開始認真看待在TVBS的發展，並且努力朝著業務前輩的方向邁進。

年輕時最好的第一份工作—業務助理

在擔任助理的那段時間，我學到的可不只是打雜而已。每天跟在業務大哥大姐身旁，我都在觀察；他們在談判時，如何保持自信；遇到刁鑽客戶時如何沉著應對。提案要怎麼精準地呈現重點，讓說話有力道，只用幾句話就能抓住客戶的心？甚至看起來只是在跟客戶輕鬆的聊天，但在過程中已經探出了對方的需求跟底線；最重要的——讓客戶覺得永遠站在他的立場著想。這些細微的心思，如果沒有用心觀察，其實也很難學得來。

試用期的三個月很快過去了，卻沒想到，我在最後關頭竟然收到試用期沒過的通知，簡直晴天霹靂！業務副總把我叫進辦公室：「你有沒有印象得罪過什麼人？」我左思右想，自己不過就是個幫業務大哥大姐們買便當和打雜的小助理，能犯什麼錯？能夠得罪什麼人？當時我心中一直充滿著疑惑。

後來我才知道，原來有位電視台高層似乎對我工作的態度有疑慮，因為聽說我是參加唱歌比賽因緣際會才進入TVBS業務部，他認為我可能和他過往看過許多懷有明星夢的年輕人一樣，不是真心想留在業務部發展，而是將現在職位當作跳板，所以他打電話提醒副總，不要通過我的試用期。

多年後自己創業，也慢慢理解了當時那位高層的顧慮。事實上，我剛進TVBS時的確有過轉調的念頭，果然薑還是老的辣，不得不佩服。不過，我早在工作第一週後就放棄了轉調部門的念頭，只是沒想到，這個過程差點害我丟掉工作。所幸，在我平日勤奮跑腿、用心工作的情況下，三位業務主管都站出來保我，為我爭取了再多三個月的試用期。最終，我順利通過了試用期，七個月後成為獨當一面的廣告AE，並為自己在第一年就創下了超過三百三十萬元的年收入。

這讓我體會到，在職場上，年輕人不必急著出風頭，而是從融入職場環境開始，讓大家好好認識你，比急著表現自己能力更重要。不管是待人禮貌、樂於助人、做事認真，這些都會讓別人對你產生好印象。我的起步剛好是業務助理，這份工作讓我從幫大家跑腿、打雜，處理各種瑣事中，慢慢建立了好感和信任，也讓我往後在成為廣告AE的路上，多了不少支持者而非競爭者。那時的我，雖然在職場中只是一個小角色，但卻在無形中累積了最重要的東西——人和。

也正因如此，在我成為正式業務員後，身邊的前輩和同事們都很願意支持我，因為他們親眼見證了我從助理一步步成長的過程，對我有信任感，也願意為我搭橋引路。這不僅讓我在業務路上如魚得水，也更學會如何在職場中照顧他人、理解別人的需求。

成長無捷徑：累積的每一步都算數

現在回頭看，我很慶幸自己當初是從助理做起。這一年，讓我有充足的時間觀察部門的運作模式，慢慢分辨哪些事情該學、哪些事情不能照著做。也讓同仁、主管們有機會瞭解我，信任我。

電視台的環境和很多行業不一樣，壓力大、節奏快，大家都忙得不可開交，沒有人有空手把手教你，所有事情都得靠自己察言觀色、摸索學習。這一年的跑腿打雜，讓我在之後轉為廣告AE時對電視台的生態已經很熟悉，工作更快上手。如果我一開始就空降成為正式業務，年輕氣盛的我可能會以為光靠口才好、長相討喜就能賺到業務獎金，卻忽略了職場中的人情世故，不僅容易樹敵，甚至可能在三個月試用期沒過時就被刷下來了。

我常鼓勵年輕人，如果對某個產業有興趣，不妨從助理做起。虛心學習前輩的經驗和智慧。不管在哪個職位，累積良好的人際關係真的很重要。別小看助理的角色，每個工作都有它的價值，都能讓人成長。無論職位大小，認真做好每件事，都可能為你帶來意想不到的機會。

這段經歷還讓我學到，職場上的傳言往往會影響他人的判斷，甚至左右人際關係。所以，我始終提醒自己，不管聽到什麼訊息，都要先查證，再判斷。畢竟，透過別人的嘴巴和自己的耳朵來瞭解一個人，實在是太片面了，不但對別人不公平，搞不好也讓自己失去了一個值得深交的朋友，這未免也太可惜了吧！

成為獨當一面的唱片專戶

一九九〇年以前，台灣的電視圈主要是中視、華視和台視三大電視台。到了一九九三年，香港無線電視（TVB）來台成立TVBS，接著民視、八大、三立等有線電視台也陸續成立。我進入TVBS時，正好是TVBS開播三年多，也是台灣有線電視蓬勃發展的時期。

當時TVBS的廣告業務分成好幾條線，包括生活、消費、汽車、金融、唱片等不同領域。我剛成為廣告AE時，沒有被指派專線，所以什麼產業都得跑。除了公司分給我的既有客戶需要維護，還得自己陌生開發新客戶。陌生開發難免常被拒絕，一開始也會挫折，覺得一定是自己做的不夠好，但後來我換位思考：如果我是接電話的窗口，每天接到那麼多陌生來電，或許也可能容易不耐煩，既然如此，我幹嘛對號入座，覺得被拒絕一定是自己的問題呢？不如再打下一通電話，客戶那麼多，總會遇到彼此投緣的。

這樣一想，我很快調適了心情，甚至覺得這件事挺好玩的。我把陌生開發當成一個磨練的機會，練習如何與別人在電話裡互動，怎麼把話說得精準又吸引人；反正就算講得不好，人家也不知道我是誰，根本不用給自己壓力。反倒是維繫公司分配的既有客戶讓我壓力更大，因為如果做不好，會覺得對公司或前面的業務不好意思。所以，那時候我兩邊都花了不少心力。

不過，什麼產業線都跑的日子只維持了三個月。後來，因為唱片線需要一位專人負責，而主管知道我對娛樂圈感興趣，又有民歌餐廳駐唱的經驗，就把我安排到了唱片線。這剛好就是我原本最想接觸的產業，接手後也就越做越得心應手。

在跑唱片線日子裡，除了拜訪客戶，最常參加的就是唱片公司的新歌發表會。更棒的是，每當唱片公司發行新專輯之前，都會先送我一份，就這樣，不知不覺中，家裡的CD牆已經擺滿了來自不同歌手的上千張專輯。

在眾多回憶中，特別難忘的是周杰倫的第一張專輯《可愛女人》即將發行時的情景。當時我去基隆路圓環附近的阿爾發音樂，總經理楊峻榮很有信心而且難掩興奮地對我說：「相信我，這張專輯裡的每一首歌都能當主打歌！」榮哥那份熱情和臉上閃耀光芒的表情，到現在我都還記得。拿到專輯那一天，我在家裡不停地重複播放《可愛女人》，特別是《心情》這首歌，我坐在中和新買的樓中樓小套房裡，從三十四樓望著窗外的夜景，心裡想著：「哇！榮哥真的沒騙我，這專輯真的每一首都可以當主打歌！」

幾天後，也就是在二〇〇〇年七月左右，阿爾發音樂在敦化北路的「Hard Rock Café」，為周杰倫舉辦了第一場新歌發表會。那天情景我記得很清楚，我坐在招待席位上，看著這位穿著帽T，看起來稚嫩又帶點羞澀的年輕人從門後出現，他低著頭，慢慢從我身邊走過……誰能想到他現在已經成為世界級的巨星。

還有周蕙的首張專輯《約定》也有一段趣事。當時為了製作出完美的專輯封面，福茂唱片特別邀請一位知名插畫家，繪製了好幾個不同版本的娃娃插畫，讓大家一起討論。我這個外人也被拉進去提意見，感覺像是在幫自己選專輯封面似的。這些互動，讓我和唱片公司的人還有許多藝人們也因此成了朋友。

一九九〇年代可說是台灣唱片業的黃金時期。張信哲的《愛如潮水》、李玟的《CoCo好心情》、張惠妹的《姊妹》……銷量動輒一、兩百萬張，唱片公司幾乎出什麼賺什麼，每張都是銷售保證。當時TVBS做為娛樂龍頭，擁有《娛樂新聞》、《金庸八點檔》、《真情》、《西洋大樂兵》等熱門節目，帶來相當可觀的廣告收入。印象中，當年TVBS每個月的廣告收入就超過三億台幣，光是我們小組負責的唱片線就貢獻了近一億，占了整體營收的三分之一左右。

這段日子對我來說真像是站在浪潮尖上的黃金期，只要勤奮一點，多跑跑客戶，業績自然就上來了。當時我每個月至少都能做到幾千萬的業績，常常月初就達標，甚至還能超標不少。為了不被業績追著跑，有時我還會把當月超標的部分留到下個月，輕鬆達成目標的同時，還能保持穩定的業績節奏，讓工作充滿了動力和成就感。

然而，在T台廣告業務部工作，雖然享有高薪，但同時壓力也不小，每天早上八點與晚上六點都要各開一次會；早上提報的計畫，主管傍晚便要檢討進度。

業績如果沒跟上，就會在所有人面前直接被點名提醒；如果接近月底，數字還沒有達標，甚至要自己先把業績不足的差額，預先寫一張廣告託播單，承諾數字壓給公司，月底結帳前再想辦法將業績差額補齊。在這樣的環境下，業務們根本不敢鬆懈，隨時都得打起精神，全力以赴完成公司每月設定的責任額。

從小兵到王牌：業務實力的點滴修煉

我一直覺得業務是世上最有趣的工作之一，因為你會遇到形形色色的人，跟不同的人打交道，情商和應變力在不知不覺中就被鍛鍊出來。做業務需要企圖心，目標要清楚，但不能只盯著自己的利益，還得站在客戶的角度思考。

做人做事的分寸感也很重要，既不能討好奉承，但也要讓人覺得親切、沒距離，這樣信任才會在互動中慢慢建立起來。而且，業務這條路沒有捷徑，每一步都得踏實地走，真的是一份從各方面磨練心志的好工作。

雖然當時唱片線相對容易跑業務，但也需要特定的特質。首先，外表要乾淨俐落、不浮誇，因為唱片圈的人通常看重外貌的舒適感和品味。再來溝通能力也很重要，在電視台裡，業務部和節目部是互相配合的，業務部負責客戶關係，節目部專注內容；身為廣告AE，我常常要在這兩者之間做橋樑。這些磨合的過程讓我學會靈活調整自己的溝通方式，成為雙方的潤滑劑，確保合作更順利。

跑唱片線的那些年，唱片公司的大哥大姐們給了我很多幫助，像是福茂唱片國內一部總監李亞明以及他的得力助手玉卿姐，他們不僅是業界的大前輩，也是我常去拜訪的對象，至今仍舊很感謝他們的提攜。當時福茂唱片公司有很多當紅藝人，像蘇永康、張韶涵、周蕙等，而亞明哥是個非常有意思的人，對我們這些業務員特別關心，方式卻和別人不太一樣；他特別在意我們對新專輯或藝人的真實感受，所以總是想要聽取大家的意見，簡直像是在做田野調查。記得有一次，他讓我聽蘇永康的新歌Demo，然後問我的感覺；我覺得旋律很好聽，便問歌名叫什麼，他說還沒決定；我靈機一動說：「那乾脆就叫《相遇太早》吧！」結果這名字還真的雀屏中選，成為蘇永康的代表歌曲。多年後我跟亞明哥吃飯時，還開玩笑說：「這歌名算是我取的吧？」他笑著回：「隨便你啦！」

亞明哥還有個特別的「分預算大會」。一般唱片公司分配廣告預算都是私下進行，一對一找各個電視台業務聊完就好，但他偏偏不走尋常路，他會把所有電視台的業務員一起叫來開會，包括TVBS、東森、緯來、三立、GTV等各電視台代表，還有台北之音、飛碟電台業務，大家圍繞一張大桌子坐著。然後，他就把預算數字全都攤在桌面上，當場說明每家這次能分到多少廣告預算，一切都清清楚楚的，然後各自回去執行任務。這種「聯合會議」反而讓我們這些來自不同公司的業務員都混熟了。後來大家還會一起聚餐，互相慶生。更令人感動的是，亞明哥和玉卿姐每到節日還會送我們一些小禮物，讓大家都感受到滿滿的溫暖。

聯合會議還有一個插曲——這麼重要的會議，我卻老是最後一個到，不是故意遲到，純粹是湊巧，結果大家就把亞明哥旁邊的位置留給我。他也會笑著在眾人面前調侃：「誒，你怎麼每次都拿最多的預算，還總是最晚到！」說真的，當時TVBS收視率高、預算自然也最多，這是實情，但被他這麼一說，我還是有點不好意思。亞明哥就是這樣真性情的人，螢幕前後都一樣，不拘小節，直來直往。預算怎麼分配，誰拿多少，他都直接攤在桌面上說清楚，反而讓我們這些不同電視台的業務員感到很自在。這就是他的作風，一個很有自己態度的人。

回頭看，我能順利做好廣告AE的工作，還真得感謝以前的駐唱經驗。那些日子讓我在面對客戶時多了幾分自信，哪怕是面對見多識廣的大老闆，我這初出茅廬的小夥子也敢發表自己的建議，但說到底，我能把業務做好的原因，還是那份真誠。

每次見新客戶，我從來不急著推銷，而是先花時間建立關係與信任感，我發現只要雙方有信任，加上專業上的用心服務，客戶願意把業務交給你，幾乎都是順理成章的事。但如果信任不夠，就算提案再厲害、表現再專業，客戶還是會因為缺乏安全感，下意識不斷丟問題給你，甚至案子談成了，後續執行起來也會很累。

還有，態度也很重要。人都是很敏感的，如果心裡只想著自己的目標，對方不僅察覺得到，甚至會不自覺地拉開距離。但如果是發自內心地站在對方角度，不帶任何交換條件、真心替他們著想時，對方也一定能感受得到誠意。

我記得有一次與一位在媒體購買公司負責行銷預算的窗口接觸，一開始真的不太順利，對方總是冷冷淡淡的，連見面時間都很難約成，好不容易約到見面，偏偏那天強烈颱風來襲，但我還是準時赴約，全身淋個落湯雞。沒想到，到了約定地點，卻等不到她，當時並不像現在有各式通訊軟體可以隨時保持聯絡，好不容易聯絡上時，她嚇了一跳，因為她忘了我們有約，語氣中充滿歉意。或許是因為這件事，讓她感受到我的認真，又或者是因為對我感到不好意思，總之那天之後，她對我的態度就突然轉變了。隔閡一打破，她就坦然地跟我分享他們公司的情況，需要什麼樣的配合，也很願意聽取我的想法和建議。就這樣，我們不只順利合作，這份關係也維持了很長的時間。

有個客戶同樣難以親近，我去拜訪時，他們總是愛理不理，但我沒有放棄，每次都帶著熱忱，跟他們聊聊業界的趨勢或近況，也不急著推銷。就這樣持續了一段時間，有一天，他們突然主動找上我，說遇到了緊急的宣傳需求，第一個就想到我，因為相信我會真心幫忙。那次合作非常順利，也為我們日後的長期合作打下了基礎。後來我才知道，原來他們當時還有其他媒體的合作正在進行，因為擔心資源重疊，所以初期才對我愛理不理。但就算那時候看起來沒什麼合作機會，我還是樂意跟他們分享資訊，保持聯繫。沒有因為被冷落就打退堂鼓，反而讓我在他們結束原有的合作後，成為第一個想找的新合作夥伴。

這些經歷讓我更深信，真誠的對待每位客戶，他們一定會感受得到。跑業務遇到不順遂是很正常的事，不需要氣餒。就算你個性內向、不擅長表達，只要真心誠意，保持耐心，就一定會有突破的一天。畢竟，建立起真誠的關係才是長期合作的基礎。當客戶需要幫忙時，第一個想到的人也一定會是你！

三十歲遞辭呈的超級業務員

現在越來越多年輕人選擇創業，市場上到處都是孵化器、加速器、各種募資平台，但在二〇〇〇年代初，那時剛經歷了網路泡沫破滅，經濟還在慢慢復甦，離開穩定的工作白手起家，可真說是場大冒險！

離開舒適圈

三十歲那年，我突然意識到，雖然薪水穩定、工作熟悉到幾乎閉著眼都能完成，但如果再不跳出TVBS這個舒適圈，隨著時間越來越久，未來可能就更難以離開了。我總覺得，三十歲以後的自己應該有不同的發展，不該只是穩定地過著一成不變的生活。於是，就在生日隔天，我鼓起勇氣，遞出辭呈。其實那時我對未來的方向還沒有頭緒，一切都是未知。

當時，我常笑稱自己像條「很會賺錢的狗」。因為運氣好，剛入行就負責唱片業務，每月業績穩定在三千萬台幣，最輝煌時甚至做到了四千六百萬；即使到了二〇〇〇年初，MP3盜版盛行、唱片銷量下滑，年薪三百萬元的光景不再，但底薪加獎金每個月還有十五萬元左右，生活還算優渥。問題是，賺再多錢，我的自我價值感不但沒有任何提升，反而逐漸失去對工作的熱情，過去那種加班拚業績的衝勁消失了，對工作也越來越提不起勁。

真正讓我下定決心的，是我在TVBS從業務助理做到業務員，雖然待了整整九年，卻始終停留在同一個位置，職涯已經沒有更多發展空間了。我知道自己心中的藍圖遠不止於此，我渴望突破，也想看看自己到底能走多遠。說白了，我不僅想成長，更想學習領導和決策的能力，希望自己有朝一日能成為真正的主管。

當時到底是哪來的勇氣？其實是因為偶然讀到朋友分享的一本奧修的書，裡面的一個小故事深深打動了我：有個挑夫傍晚上山工作，回程時天已全黑，不小心滑下了山谷。他驚慌之中抓住了一根藤蔓，死命地拉住不敢放手，心裡認定腳下就是萬丈深淵。就這樣，他懸吊在半空中度過了漫長的一夜，內心充滿了恐懼。可是當天亮時，他鼓起勇氣往下一看，才發現地面其實就在腳下一公尺的地方，那根藤蔓就懸在台階上方，他只需輕輕放手就能著地。

奧修藉著這個小故事告訴人們：「恐懼是因為對未知的不確定，勇敢去邁向未知，因為未知並沒有想像中那麼可怕。」

當時，許多人並不看好我的決定，甚至有人斷言我撐不過半年；連唱片業的前輩，福茂唱片國內二部的總監吳怡芬都好心提醒：「Jason，你得想清楚，你現在的成績，可能是因為有TVBS的招牌加持，離開了TVBS，或年代、東風這些大電視台，可能會嘗盡很多的人情冷暖。」

但我心裡已經有了決定：隨著市場變化，電視台的廣告業績勢必會逐步下滑，這是一個無法避免的趨勢，與其在這裡等著，不如出去拚一把！同時我也想知道，大家眼中的楊佳燊，到底是TVBS的楊佳燊，還是我這個人真正的樣子。

說實話，我當然也會害怕，畢竟沒有人喜歡不確定的未來，但當面臨抉擇時，也只能鼓起勇氣硬著頭皮上了，我就想看看結果會是什麼！

當我遞出辭呈的那一瞬間，雖然對未來充滿不安，但我知道，無論如何都得先逼自己離開TVBS的舒適圈。回頭看來，幸好當時薪水不再像從前那麼高，整體大環境也越來越壓抑，這反而讓我下決心離開，為後來的創業鋪路。

二〇〇四年底，我正式離開了電視台，二〇〇五年創業。那一年正是台灣Web 2.0開始蓬勃發展的時候，隨著互聯網技術的迅速進步，社群網站如Facebook、Plurk的崛起，以及使用者生成內容（UGC）的興起，像是YouTube、部落格、Wiki百科等，是一個非常適合進入這個新興領域的時機。雖然我當時對網路相關領域所知不多，但我明顯感受到唱片業和傳統媒體正在逐漸式微，於是憑著對趨勢的直覺，決定轉型投身數位產業。

二〇〇五年五月底的某一晚，我和兩個老朋友在長安東路的集客咖啡聊起未來的方向，越聊越興奮，竟聊了整整十二個小時，清晨道再見時，三個人都覺得未來似乎近在眼前。

就這樣，「傑思整合行銷」誕生了！我的創業之路也正式展開。

Chapter

02

創業後的驚與險

從創業到做事業，一定有驚有險，因為運氣都化險為夷，但真的都是運氣嗎 ?這些事件帶來的好與壞，都是成長的一部分，更挖掘出潛在的自己。

用七萬五創業

三十歲那年，我決定創業。看起來像是「三十而立」，但說實話，那時候我其實還是個有點懵懂的年輕人。公司創立時，我們主攻Web 2.0時代的廣告代理業務，但初期為了生存，幾乎什麼業務都接。我和兩個夥伴一起投資，總資本額才十五萬，我投入七萬五千元，占了一半股份。當時另外兩個夥伴都還有原本的工作，只有我全職負責公司運營，所以也給自己設了個退路——萬一錢花光了公司還沒起色，就回電視台找工作吧！

由於資金有限，剛開始根本租不起辦公室，我們幾個人就乾脆駐點在復興南路微風廣場二樓的星巴克。這裡有免費的WiFi和插座，地點也相當方便，非常適合工作。而且，當時微風還是個特別新潮的地方，客戶也都喜歡來這裡，一邊喝咖啡一邊談公事，真是CP值超高。

創業初期，我們每天中午開始待在星巴克，坐到晚上九點百貨商場打烊，之後，又轉戰到地下一樓微風影城售票口前的免費露天咖啡座，繼續奮戰到凌晨二、三點才收工回家。印象最深刻的，那時正值夏天，露天座的蚊子多得簡直像開派對一樣，我不勝其擾，乾脆每天自備幾盒蚊香放在腳邊，現在想起來都覺得自己當時真的很拚，還帶著點搞笑。

剛開始公司就只有三個人，也完全沒有名氣，真的是赤手空拳從零開始。雖然我是廣告業務出身，理當對於廣告銷售有一定的熟悉度，但數位網路媒體畢竟不同於傳統的電視媒體，後者的市場已經成熟，信任度也高。而網路媒體是全新的概念，需要投入更多精力，讓客戶建立起對市場的認知，才能逐步贏得信賴。當時，我們非常認真地跑客戶，從娛樂、唱片到生活消費、流行時尚，什麼領域都嘗試接觸，幾乎是無所不包。然而，當時網路廣告市場還在萌芽階段，許多廣告主對其效能和投資回報心存疑慮。很多客戶聽完我們的提案，反應總是冷冷的。也常常有客戶一開始聊得興致勃勃，最後卻沒了下文。

儘管我們對網路廣告的未來充滿信心，但前期的確特別辛苦，只能更加努力地開發、到處拜訪客戶，加倍投入精力來建立信任和品牌認知。在那段每天忙得團團轉又常常吃閉門羹的日子裡，某天看了一部電影《當幸福來敲門》之後，我心裡不斷告訴自己：「對，就要有那種撐下去的信念！」威爾．史密斯在電影中飾演的主角克里斯．加納是個真實人物，他後來創立了加納理奇證券經紀公司，成為華爾街知名的證券公司老闆，最後還成功賣掉公司成為大富翁。但在成為證券經紀人之前，他的生活真的跌到谷底，窮困到只能帶著孩子四處奔波，甚至得在地鐵站和收容所過夜。即便在這樣艱難的處境下，他還是咬著牙堅持下來，不曾放棄。他那種「非成功不可」的韌性讓我特別有感觸，也讓我明白，有時候強烈的求生意志，比能力本身更重要。

為了省錢，凡事都得精打細算，連停車費也斤斤計較；比如充分利用不同信用卡在微風廣場的免費停車優惠，每隔兩小時就輪流將車子開出去繞一圈再回來，這樣才能繼續享有優惠。雖然一開始業務開發不順利，幸好在第一個月就有朋友介紹了一個遊戲公司客戶，接到了一筆二十幾萬的廣告案。再加上處處省吃儉用，總算熬過了創業初期最困難的幾個月。更不可思議的是，不久之後，公司竟然有機會擁有一間免費的辦公室！而且還和無名小站一起共用，真的是意外驚喜。

現在是微型創業的時代，不知道現在的年輕人是因為環境更加成熟，對創業的細節有了更多瞭解，還是依然憑著一腔熱血就選擇自立門戶？回顧二十年前的我們，當時確實顯得有些單純，對於股權分配、公司運營、財務管理等等完全沒有概念，都是邊走邊學，當然也因此付出了不少學費。

全心投入的抉擇：創業中的人性與制度

這場創業的起點，原本只是我和兩位朋友閒聊時的想法，沒想到隨著討論越來越具體，最後真的開始運作一家公司。大約一年後，隨著公司逐漸步上正軌，我們開始吸引外界的關注，甚至引來了投資者的興趣。其中就包括我們的重要合作夥伴——無名小站。做為他們的廣告獨家代理商，彼此已經密切合作一段時間，當他們提出想投資49%股份的想法時，這既是難得的機會，也是重大的挑戰。

我心裡很清楚，如果要把公司做大，光靠我一個人是不夠的，必須所有人都全力投入，才有辦法一起往前走。而且，無名小站如果要成為股東，公司現有架構和運營細節就必須清楚透明，不能有模糊的地方。當時另外兩位股東各自都還有自己的工作，並不像我一樣全職在公司。所以我提出了一個想法：「既然現在公司已經步上軌道，要不要大家都全心投入？如果決定要專注在傑思，我們可以稀釋一半的股份給無名小站，讓他們加入，一起把公司做大。」

最後，另外兩位夥伴經考慮後，表示更想專注在自己本業的發展，選擇繼續留在原本的工作。而傑思本來就是我的全部，所以我毫不猶豫地選擇和無名小站合夥，繼續全力發展公司。我和兩位夥伴也清楚結算了當時的利潤，結束創業初期的合作關係。他們後來在各自的領域也發展得很好，我也一直都為他們的成就祝福。

創業的路上總是充滿選擇，每個決定都會影響未來的發展。有年輕朋友問過我：「如果想跟朋友一起創業，有什麼建議嗎？」我會說：創業初期，夥伴之間不分你我一條心固然很重要，但更重要的是：要把話說清楚。像大家的分工、每個人投入公司的程度和角色要先明確，制度和股權分配也要透明，這樣才能避免未來出現誤會或分工不均的問題。同時，還要提前約定好，如果有人想退出或轉型的時候，該怎麼處理。不要覺得聊這些現實的問題很尷尬，因為越透明，未來的合作才會越穩定。狀況越清楚，就越能幫助每個人為自己做出更好的決定。只有彼此坦誠，大家一起努力，事業才有成功的可能。

與「無名小站」做鄰居

會認識無名小站共同創辦人之一的小光，真的只是運氣？還是因為自己不放棄努力爭取，才有了後來的故事發展呢？現在想想，當時為什麼能成功合作，這個問題我也曾自問過，或許答案比我當初想像的要簡單得多。

當網際網路剛開始普及時，大家漸漸學會如何在網路上搜尋資訊，很快就發現它的無遠弗屆。不過那時候，大部分人還只能瀏覽現有的網站，因為自己建網站要懂點程式語法，門檻不低。一九九〇年代，人們對網路上分享和互動的需求很大，BBS討論區正好滿足了這些需求，成為早期網路社群的起點。隨著需求增加，部落格（blog）平台開始出現，讓大家可以輕鬆申請帳號、發表內容、上傳照片，按個送出鍵就上線了！再加上留言板和討論區，大家可以隨時互動交流。

一九九八年，Google搜尋引擎問世，徹底改變了搜尋資訊的方式；二〇〇四年，Facebook崛起，社群互動變得無所不在；二〇〇五年，YouTube誕生，影片分享成為新的潮流。隨著這些平台的興起，Wiki、RSS等互動工具逐漸普及，Web 2.0時代來臨，強調用戶生成內容和深度互動的網路生態逐漸成形。

由一群學生創辦的「無名小站」就是在這樣的浪潮中出現，從BBS討論區轉型為社交網站，搭上了Web 2.0的熱潮，一路勢如破竹。二〇〇五年成立的無名小站，結合了部落格、網路相簿、社群和電子布告欄，深受年輕人喜愛，流量僅次於「YAHOO!奇摩」，成了網路上無法忽視的存在。

離開電視台後，我曾短暫在一家娛樂經紀公司工作半年，當時因為想吸引更多年輕會員，需要投放一些廣告，目標是二十到三十歲的年輕族群，我隨口問公司的年輕同事：「現在的年輕人都用哪些網站啊？」沒想到大家異口同聲回答：「無名小站！」

當時我有點訝異，我還真的沒聽過無名小站，但還是決定試試看，投了個小額廣告測試水溫。沒想到廣告一上線，我看著公司會員平台的後台，會員數不斷增加，速度快得超乎想像。我心想：「這個網站的吸引力也太強了，我一定要好好深入瞭解！」直覺告訴我，這個平台可能是未來的趨勢。

無名小站初合作：機會，是聊出來的

記得和小光初次見面那天，正值寒流來襲，天氣冷得讓人直打哆嗦，我們約在基隆路上的星巴克見面。「小光」這個綽號比他的本名還響亮，因為他那光頭造型太有辨識度了。第一次見到他時，他身上帶著青澀的學生氣質，卻又透著一種超齡的成熟與穩重。雖然他才剛大學畢業不久，但他的想法清晰且有深度，讓人印象深刻。

我一向不太會事先預設什麼立場，碰到新鮮事物總是充滿好奇心，那天邊聽他分享時，邊忍不住在心裡讚嘆：「這些年輕人怎麼這麼有想法，頭腦也那麼靈活！」即使他年紀比我小許多、經歷又比較少，我還是由衷地感到佩服。當時，我毫不掩飾對他的欣賞，真心的讚美自然流露，相信他一定有感受到。畢竟，如果人感受到被真心的肯定，心門都比較容易打開吧！這絕對是好的開始。

接著，我開始天馬行空地聊起未來的商業合作，心想也許現在不會立刻成事，但未來或許能把我在電視台的資源引入進來。我也知道，這次見面可不能只是隨便聊聊就算了，雖然當下沒有談到具體合作，但未來卻有著無限的可能。

或許正是因為那時的鍥而不捨，才為我之後的創業鋪下了基礎。等到我離開娛樂經紀公司，開始自己創業的半年之後，終於順利簽下了無名小站的泛娛樂廣告代理權，這成為公司穩定成長的關鍵，也讓我們逐漸站穩了腳步。

一個小房間，兩家公司

這段經歷說起來還是要感謝小光的引薦。剛合作不久，安排我去拜訪了他們的天使投資人兼大股東。這位大股東在忠孝東路四段的金石堂樓上有一間辦公室，將其中一部分分租給無名小站。

我們第一次見面一聊就是一個下午。他問起我創業的狀況，得知我當時還沒有自己的辦公室，幾乎都在星巴克辦公，突然就開始向我介紹起他們的辦公室環境：「這邊是我自己的公司，另一邊租給無名小站，裡面還有個小房間，就讓你們用，幾個人共用一張桌子，應該夠了。」說完他又笑著補充：「房租就免了吧！你只要每個月請無名小站的那幾個人吃頓飯就行了！」

聽到這句話，我愣了一下，當下真是又驚又喜，沒想到這麼簡單就有了自己的辦公室！回到家後，我還是覺得很不真實，忍不住問自己和朋友：「你就算和一個人聊得很愉快，真的會在完全不查證、不考慮的情況下，立刻提出這麼大方的邀請嗎？」

大家也都覺得不可思議，但這正是我親身經歷的故事。

小房間是成功的開端

這件事情就像蝴蝶效應，對我前期的創業之路影響非常大。

幾年之後，我問起這位大股東，「當時您為什麼會這麼做？我只是一個您才剛認識的人，怎麼會願意直接將辦公室分租給我，更訝異的是連房租都不收？」

他回：「我很好奇，無名小站這幾個聰明優秀的年輕人為什麼會選擇與你合作，而且對你非常信任。跟你聊過，知道你在TVBS待過，現在出來創業，年紀又大他們這麼多……我心想，不如就讓你們也用這個空間吧。」

於是，他主動把辦公室空間無償出借給我，也順勢當個催化劑，把我放進這個office，想看看兩家公司湊在一起會擦出什麼樣的火花。

後來證明，他這個看似簡單的舉動，不僅幫了無名小站，也讓他自己受益。而對我來說，這件事所引發的變化，比我當時能預料到的還要大——但那又是另一個故事了。

取得獨家代理

做為廣告媒體代理商，拿到合作夥伴的獨家代理權通常需要一些促成的因素或條件，有的公司因為本身已有一定的名氣，所以別人會主動找上門合作；有的則是透過瞭解合作媒體的需求，再加上清楚的計劃和有說服力的提案，來爭取獨家代理權。雖然我當時只是個不到五個人的新創小公司，也沒有那麼多資源，唯一有的就是不放棄任何機會，去創造更多的可能性。

我觀察到無名小站當時雖然是年輕人非常風靡的網站，但在廣告銷售這塊似乎還沒有特別規劃。而年輕人喜歡什麼呢？各種跟娛樂相關的事物，這些內容剛好非常契合無名小站的屬性，娛樂產業又是我在TVBS時熟悉的領域，我覺得這絕對是一個可以發揮的方向，所以大膽地跟他們提出「泛娛樂」的概念，並首先與他們簽下了唱片、遊戲和電影這三個產業的獨家代理，希望能幫他們開發這方面的廣告合作。我想法很簡單，做任何事情都遵循「先求有，再求穩，再求好」

的原則，哪怕是從零開始，也要邊做邊創造機會，慢慢把可能性拓展出來。

對小光來說，接受這個提議也是個不錯的選擇。畢竟他們當時廣告資源有限，和我合作幾乎是個沒有風險的嘗試，反而讓他們多一些可能性，或許是因為我的態度真誠和前幾次見面的好印象，讓這個合作順利敲定。

回想起來，除了小光，真的也很感謝無名小站那位大股東，促成我們兩家公司共用一個辦公室，讓我們得以長時間相處，慢慢培養出深厚的默契。那段時間，我們朝夕相處，彼此之間逐漸培養出一種革命情感，就像一家人一樣。遇到問題時共同解決；需要拜訪客戶時，一起出動，碰到任何事情需要討論，只需要走到隔壁敲敲門。每天加班到深夜後，大家還會在樓下聊上許久，再各自回家。這些相處，都加深了彼此的信任與默契。

回想創業的第一年，我們甚至還聯合辦了一場尾牙，所有同仁加起來不到二十人，大家擠在錢櫃包廂裡慶祝，熱鬧的不得了。也因為這樣，我們的合作從最初的泛娛樂產業代理開始逐步擴展，最終他們將所有廣告代理都放心的交給我們全權處理。

現在想想，命運真的很奇妙。老實說，如果當初我跟他們的合作只停留在唱片、遊戲、電影這三個產業，因為這類廣告市場在當時還不夠成熟，短期內可能還看不到什麼效果，搞不好合作就慢慢斷掉了。但就是因為我們共用一間辦公室，平常互動多了，彼此越來越熟悉，才有了後來全面又穩定的合作。

隨著無名小站的知名度邁向高峰，很多受年輕人喜愛的產品廣告主，比如美妝、零食、時尚等，也紛紛主動找上門來。再加上網路廣告相較電視廣告更具性價比，這讓我們從零開始，廣告業績一路狂飆，在短短不到半年內，就創造了一個月超過一千三百萬，年營業額更是突破了一億大關！

代理的原罪

在廣告代理行業，「代理的原罪」似乎是一種無法避免的命運。當原廠初期進入市場時，通常會依賴代理商的專業能力來開拓市場。但當代理商的業績提升、成績突出時，許多原廠會選擇將市場主導權收回自己手中。相反的，如果業績未能達到期望，代理商不僅很快就會被換掉，還可能因此影響彼此一直以來的信任與感情。無論是好是壞，廣告代理商常處於進退兩難的境地，這就是這行業的「原罪」。

代理無名小站不到半年，我們的成果已經非常明顯，而且越做越好。短期內取得這麼亮眼的成績雖然很開心，但心中也開始產生無形的壓力，如果這個時候他們決定將廣告代理收回去自己做，怎麼辦呢？

我當時想著，未來的發展可能有幾種情況：一是雙方順利繼續合作下去；二是他們收回廣告銷售代理權，並且邀請我和傑思團隊留下，加入無名小站；第三則是代理權被收回，雙方結束合作。我真心希望後面兩個情況不要發生。

信任成就的第四種可能

有一天，無名小站的創辦人兼董事長簡志宇（Wretch）和大股東突然約我見面。赴約時，我懷著一絲不安，心裡有些忐忑，畢竟「代理的原罪」一直縈繞在心頭——萬一他們決定收回代理權，怎麼辦？會不會我們的合作即將改變？

沒想到見面後，他們卻提出了一個完全出乎我意料的方案！

創辦人和大股東對我說道：「你在代理工作上的投入用心，我們都看在眼裡，我們覺得與其把代理權收回來自己做，不如更進一步，由無名小站直接投資傑思，你覺得如何？」

無名小站在創業初期募資時，正是得到了這位大股東的支持——他當時承諾不干涉運營，讓創始團隊能夠充分發揮創意，將平台推向新的高度。而他這次也依循相同的模式，提議由無名小站出資投資傑思整合行銷，並同樣不干涉經營，讓我保有公司主導權，專心衝刺業績。這樣一來，我可以全力投入工作，業績越好；他們做為股東的分紅也越豐厚；真正達成雙贏。

當他們提出這個提議時，我簡直不敢相信自己的耳朵。我先是愣了一下，接著幾乎一秒都沒猶豫就答應了！這第四個選項，遠超過了我原先預想的任何可能！對我來說，這不僅是穩定合作的保證，也讓我能夠無後顧之憂地全心投入傑思未來的發展，我感到既驚喜又感激。當時，我也大膽地表達了自己的想法：「我不僅想代理無名小站的廣告，更希望打造一個傑思家族頻道，市場上有許多剛起步的垂直分眾網站，大多數還沒有業務部門，這些都是潛在的合作機會。」

這個構想得到了他們的認可，於是我們的合作就這樣順利展開。我對此充滿感恩，也深知會有這個提議出現，正是因為我們在日常互動中建立深厚的信任關係。從一起上班、加班，到工作之外的相處與私下的情誼，無名小站的團隊真正感受到我是可以長期合作的夥伴。

我終於不用再擔心因為業績做得好而失去代理權。這不僅是我創業後第一次獲得外部投資的機會，也讓我和他們往後合作更加緊密。而我也體會到，有時候我們會因為對未來的擔憂而自己嚇自己，但只要專注當下、把事情做到最好，結果往往會超出我們的預期呢！

坦率，是最好的開始

當時這位大股東見到我，開口的第一句話就直接了當地問我：「Jason，你們的創立資本額是多少？」

我半開玩笑地回應：「您想聽實話還是假話？」

雖然我們在銀行的帳面資本額有一百五十萬，但我坦白告訴他，實際上我們只出了十五萬元，其他的資金都是借來的。我毫不掩飾，據實以告。我們都知道，某種程度上，一個公司創立資本額的高低會影響未來投資人對投資金額的評估。他聽完後，既沒有驚訝也沒有懷疑，反而直接提出接下來的投資建議。

整個過程不到五分鐘，投資方案就順利敲定。

現在回想起來，如果今天我遇到一個年輕人像當年的自己一樣坦誠作答，雖然我不見得會馬上信任他，但這樣的透明和直接，至少會讓我願意給他一個機會，甚至想進一步多瞭解這個人。

先求有，再求穩，再求好

有人問過我：「一家剛起步的小公司，怎麼能獨家代理到無名小站這樣的當紅炸子雞呢？」

我覺得，運氣當然佔了很大一部分。我們算是差不多同一時期創業的公司，彼此都在Web2.0剛起步的階段摸索。如果當初不是一起用一間辦公室，我相信我們不會有後來那麼深的合作關係。

仔細想想，我發現自己的個性一直以來就是只要有目標，我一定全力以赴。即使什麼資源都沒有，我也絕不放棄任何機會。我天生比較樂觀，雖說萬事起頭難，但只要有了開頭，就一定能帶出更多可能性。最怕的是還沒嘗試就認為做不到，想法很多，結果什麼都沒做。而且，只要過程盡了全力，最後發現此路不通，我至少不會有任何殘念，可以很快放下，繼續往前走。

創業初期，我知道以傑思的規模和實力要簽下無名小站全部的廣告獨家代理並不容易，被拒絕的可能性很大，所以選了自己最有把握的「泛娛樂產業」做為起點。只要能拿到入場券，其他的就靠一步步努力來打開。

拿到機會後，我全力以赴，和他們一起把廣告業務做得有聲有色。隨著合作越來越順利，他們也更信任我，後來甚至主動把所有的業務都交給我。這一切都不是一蹴而就的，每一步都是踏踏實實積累起來的。

即使公司現在比當初資源、規模都大了很多，我還是相信這個道理——遇到挑戰，不用堅持一步到位，只要有開始就有機會。我也常鼓勵同仁：「覺得是好的機會就去嘗試！路是走出來的，哪怕一開始只能做一點點都沒關係。」

沒有我們，哪來的雙贏？

有位投資界的前輩曾對我說：「Jason，只要你的工作是需要和人接觸，你就是業務。」這句話讓我印象深刻。畢竟，除非你能在這個世界上完全與他人隔絕、獨自生活，否則無論是在日常生活還是職場中，都離不開與人打交道。最終的目標，都是透過溝通來達成共識或實現某個結果。而且，對內的溝通往往比對外談判還要複雜，這一點相信許多人都有感受。

我把這種理解稱為「銷售觀點」，但這裡的銷售不是推銷，而是站在「我們」的角度，找到雙方都能一起成長、互利共好的機會。前提是，我會先問自己：「這個合作真的能帶來雙贏嗎？」如果答案是肯定的，我就會坦率地表達想法，讓對方看到合作的價值。對雙方都有好處的事，為什麼不放膽去爭取呢？

當然，心態很重要，不要害怕被拒絕。你可以鼓勵自己——不說，本來就什麼都沒有，將來也不會發生；但說了，這件事就有可能成真，反正我的成本是零，根本沒什麼好損失的，為什麼不試試看呢？提出想法後，結果通常有兩種：要麼正好符合對方需求，合作自然水到渠成；要麼對方暫時沒興趣，但如果提案對他沒什麼壓力，他也可能願意試試看。像無名小站的泛娛樂代理、傑思家族頻道，或者後來各種與人合作的項目，我都是帶著同理心，讓對方感受到我的初衷始終是「我們」，而不是只是「我」，很多機會就是這樣慢慢展開的。

基本功不厲害，但很實在

跟無名小站一起共用辦公室那段時間，真是讓我收穫滿滿。每天看著一群充滿才華的年輕創業者討論新點子，解決面臨的種種問題，他們的認真與熱情讓我覺得彷彿什麼想法只要到了他們手中就都有成真的可能。

有一次，創辦人簡志宇和幾位核心成員，在討論某個專案上的問題，他們已經試過好幾種方法，卻都卡住了，一直找不到解法，大家都傷透了腦筋。我剛好坐在旁邊，因為大家經常一起工作，他們也沒把我當外人，我就邊聽邊想或許可以幫他們想一些點子。也許是之前在大公司磨練出來的習慣吧，讓我下意識就蹦出一個解法。我沒有多加思索就開口說：「這種情況，其實可以試試這樣做，搞不好就解決了。」

沒想到他們眼睛一亮，露出「對啊，我們怎麼沒想到！」的表情，簡志宇激動地說：「對耶！這樣處理不就好了嗎？」那一刻，我才意識到，原來我過去多年在TVBS大公司累積的一些處理事情的思維跟能力，竟然能在這種時刻派上用場。對他們來說，這或許是一個新思路，但對我來說，這不過是日常工作中潛移默化養成的處理方式罷了。

我發現，不管工作看起來再微不足道，都一定有它的價值。我在五專時，曾經有一個暑假在一家男裝店打工，現在店在哪兒都忘了，但摺衣服的技術倒是一直沒忘，什麼衣服到了我手上都可以摺得漂漂亮亮。

剛出社會時，我連續做了兩份助理工作。助理要做的事真的很瑣碎，要學會分清楚事情的輕重緩急，然後用最快的方式把它搞定。後來做廣告AE，除了服務客戶，還經常得在企劃部和節目部之間協調。這兩個部門各做各的，意見經常對不上，我就得在中間想辦法折衷，有時還需要動腦想些創意，才能讓兩邊都滿意，身段也得夠靈活，因為重點是要把事情做好。這些都讓我學會怎麼快速看清全局、找到問題所在，還能更有條理去解決問題。

不同的行業和職位，能學到的東西都不一樣，但每一個都有它的價值。成長不一定靠大突破，別小看那些基本功。它們就像養分，在需要的時候，會成為你最重要的助力。

當誠信面對試煉

在創業過程中，有一件事讓我深刻體會到商場的本質，特別是誠信和情誼的價值，在領導和合作中更是如此。

當時，一位認識多年的朋友成為某家媒體公司高管，因為業務方向與傑思有不少重疊，合作上也有互補性，因此他主動接洽，提出讓傑思代理他們公司的廣告。我心想，這個合作似乎不錯，於是便欣然接受，沒再多做考慮。然而，雙方合作才剛對外正式宣布沒幾天，公司的業務總監就來找我，告訴我，昨晚他和對方開會時，對方竟主動向她透露了一些計劃，內容讓她相當驚訝。

對方表示，實際上他們並不打算讓傑思長期代理，而是想藉由我們的經驗來快速提升短期成績。如果成績理想，預計在合作半年後，他們就會找機會終止合約，將代理權收回。更讓我詫異的是，他甚至還表示，如果業務總監願意，未來可以安排她到他們公司擔任更高的職位。

聽到這些話，我的心情相當複雜。我始終不理解，無論基於過往的情分，或是基本的商業道德與邏輯，怎麼會有人這麼大剌剌地把心裡的盤算直接告訴合作方的業務總監？或許他自認為這樣可以取得她的信任，以為她不會將這些話告訴我，甚至認為藉此可以得到她的心。但公司業務總監毫不遲疑地選擇告訴我真相，這讓我非常感動，也更深刻感受到團隊對我的信任與支持。我確認了一下，問她：「如果我直接和對方攤開來講，他就會知道是妳說的，妳確定沒問題嗎？」她很堅定地回答：「沒問題！」

面對這樣的情況，我不再猶豫，直接聯繫對方表達了我的看法，告訴他這種短視的行為讓我感到震驚與失望。商業合作的基礎應該建立在誠信之上，而不是滿是算計。如果他只是為了短期利益而利用合作夥伴，這樣的關係不會長久，甚至未來可能會自食其果。我當場告訴他：「沒有什麼好說的，我決定立即終止合作關係！」但即便如此，我還是選擇保留一點情面，沒有將這件事的細節公開，給對方保留了一些台階。至於他打算如何向他的團隊和上級解釋與傑思的合作突然終止，那完全是他的決定，我不會干涉，也不會主動對外說明。我始終認為，即便在這樣的情況下結束合作關係，過去的情誼還是值得被尊重和珍惜，也希望對方能妥善處理。

這件事即便過了多年還是一直縈繞在我心裡，偶爾也會重新思考，當初選擇不把事情對外攤開，這個決定到底是不是對的？因為我沒有解釋清楚，難免會讓其他人有各種揣測的空間——為什麼原本好好的合作，我卻突然決定中止，會不會有人因此反而以為問題出在傑思這邊？這件事我從來沒對外說過，但就在多年後，一個偶然的機會和一位媒體公司的老闆碰面時，我決定向他提起。之所以選擇說出來，主要是希望能聽聽這位閱人無數、商場經驗豐富的前輩，會如何看待這件事，並從他的觀點中得到一些啟發。

而他得知此事後，對我說：「你這樣做很好，很大器。」這句話讓我感到欣慰，更加覺得無論商場競爭多激烈，誠信都是最基本的原則。而有時候，看似吃了悶虧，被別人辜負或佔了便宜的情況下，選擇尊重情誼，給對方台階，這是一種智慧與格局的選擇。

這次經歷也讓我明白，自大和過度自信真的很危險。對方當時把自己的計劃告訴了業務總監，可能自以為總監不會告訴我，甚至還覺得能因此讓他們的關係更親近，結果卻適得其反，還讓我們的合作泡湯。

千萬不要覺得一切都在自己掌控中。凡事如果太過自以為是，就容易用自己的濾鏡視角去看事情，導致看不清全貌，反而出現更多盲點。

從低谷到轉折

二〇〇六年十二月，「Yahoo!奇摩」宣布成功併購無名小站時，我心裡早已經有了準備。這場併購案談了有一段時間，結局也算是在意料之中。畢竟無名小站當時持有傑思49%的股份，所以當他們投資人私下問我，如果傑思有機會，有沒有意願加入Yahoo繼續做廣告業務時，我並不感到驚訝。但我也很清楚表達了不想加入的想法，因為當初我離開TVBS那個舒適圈，出來創業，就是為了追尋自己真正想做的事。當時我還開玩笑說：「我英文不太行，到Yahoo外商公司工作，未來升遷怎麼可能輪到我？那我還不如繼續待在電視台，我有自知之明的。」

幾天後我看到《經濟日報》商業版的頭條新聞，標題寫著：「傑思一年一億元廣告飛了」，還用斗大的「傑思」兩字開篇。看到這裡，我心裡不禁苦笑自嘲：「謝謝記者這麼看得起創業不到兩年的傑思媒體，不知道的人還以為我們是跟鴻海、蘋果一樣的大公司呢！」但說實話，記者的這段話其實寫得很貼切，也一點都沒錯：「人算不如天算，無名小站嫁入Yahoo!奇摩，這筆買賣看來雙方都得利，但只有圈內人注意到，傑思媒體失去無名金雞母，前途茫茫。」

確實，那時候的壓力真的超級大，但也沒辦法啊，事情既然發生了，就只能撐住，繼續往前走。我很清楚，傑思的核心媒體產品一夕之間沒了，整個公司幾乎陷入困境。說不慌是假的，但我也只能逼自己冷靜下來想辦法。

令人感激的是，投資無名小站的大股東表達了對傑思的認可。他們看出我們這些年來的努力，也認同傑思的價值。為了讓傑思能保持獨立運營，他們決定把無名小站在傑思的股份用私人名義承接下來，讓傑思能繼續以廣告代理商的身分走下去。他們甚至在公司最艱困的時期跟我說：「你們很努力，但我們能幫上忙的也有限，如果有其他人能幫到你們，我們願意無條件讓出股份，一塊錢都不拿也沒關係。」我很感激他們的信任和支持，但現實的挑戰還是擺在眼前。

失去無名小站後，公司業績瞬間從一個月一千三百多萬驟降到只剩兩、三百萬。面對這巨大的損失，我只能痛下決心縮編公司，團隊從原本的人數四十人大幅縮減至不到十五人，公司也從華視光復大樓搬到信義區的家美國際金融大樓。這棟樓的每一層有四間辦公室，而我們只租用了其中的一間，面積只有原來辦公室的八分之一，這個艱難時期，只有開源節流才能度過這個非常階段。我們一方面用心服務現有的廣告客戶和媒體夥伴，一方面積極開發新的商機。心態在這個階段至關重要，我不斷提醒自己和團隊：「無論如何，能屈能伸。只要留得青山在，不怕沒柴燒！」當下唯一的目標就是想辦法活下來，因為只要能熬過低谷，總會有重新崛起的機會。

所幸在這段期間，網路廣告市場逐漸步上正軌，垂直分眾網站一個接一個崛起。我們相繼簽下了當時許多代表性網站，比如手機王、智邦生活館、Babyhome、台灣論壇、ETtoday等，加上達摩媒體的 BloggerAds 部落客廣告聯播網——這是一個將眾多有影響力的部落客聚集在一起的網路平台，透過他們的內容幫助廣告主觸及更多年輕受眾，讓公司業務也得以拓展到部落客和內容行銷領域。透過這些合作，我們開始接觸到許多中小型品牌，這些廣告主原本負擔不起大媒體的廣告費，但透過這樣的網路平台，也能實現有效的行銷。這些小額廣告收益，雖然不足以馬上讓公司大翻身，但這樣子一點一滴的累積，也慢慢在財務資金鏈上形成了穩定的蓄水池，幫助我在營運上喘口氣。有了 BloggerAds 和其他垂直分眾網站的助力，傑思漸漸拓展了代理對象，這些新興的網站專注於時尚、美妝、生活、親子甚至寵物等細分市場，給廣告主提供了更多針對性選擇，也讓我們有機會為廣告主提供更靈活的整合方案。

然而現實並不容易，每個月月底結算時，我的心情都會緊繃，因為數字總是在損益平衡的邊緣掙扎，但每當看到那小小的成長，我會告訴自己：只要我們能撐下去，機會就還在。這段時間雖然艱難，但我知道，現在最重要的就是穩住，等風向轉變時，機會自然會出現。

一杯咖啡的驚喜邀約

「Jason，我們有沒有機會結婚？」二〇一一年的某天下午，在敦南誠品三樓的咖啡廳，日本伊藤忠商事派駐在台灣的代表海老名裕（Ebina-san）突然對我說。

「結婚？什麼意思？我又不是Gay！」我一時有點困惑，不明白他在說什麼，半開玩笑回答。

「不是啦，我是說投資啦！」他笑著解釋。

原來，日本伊藤忠商事在日本投資了一家名為「愛德威集團（ADWAYS INC.）」，這家公司是日本網路廣告整合營銷的先行者。他們想要投資台灣市場，並表達了對傑思媒體注資的興趣。這個機會終於來臨。

而後，經過將近一年的波折與協商，日本愛德威最終成了傑思媒體的主要股東，並一路發展至今。

重拾 100% 股權的挑戰

當時日本提出的條件是，我必須先擁有傑思媒體 100% 的股權，這樣才能代表我是真正當家作主。是否能成功合作還是未知數，但這是雙方繼續談下去的前提條件。

我想起投資我的這位大股東曾經提過，如果我有更好的合作機會，他願意無條件讓出股份，只為了幫助我們。雖然這個機會尚未確定，但他的承諾讓我看到可能性，於是我決定聯繫他。事實上，從他最初提出這個想法時，我知道有這個可能，但我從未刻意去做什麼來促成它。直到這次機會出現時，我自然想到了他當時的承諾，便直接提出請求，希望他能兌現。

然而，隨著時間慢慢過去，公司已經從當初的困境中走出來，如今每個月的營業額已經逐漸穩定。股東清楚表示，當時的情況與現在相比已經不一樣了，當初是在我們業績低潮、公司營運艱難的階段下做出的提議，在當時是一種支持。

但如今公司的狀況已經改善，這使得這個想法不再適合當下的局面。

掛了電話，我心裡有些情緒，想著：「這不是你曾經答應過我的嗎？」心裡難免有些失落和不解。但隨著情緒慢慢平復，我也開始換位思考，理解他的立場。畢竟，現在擺在我面前的問題，不是去追究過去的承諾，而是如何找到一個既尊重過去，也符合現實的解決之道，讓公司能繼續前行。

不放棄，用「心」去爭取

掛了電話後，我靜靜坐在那裡，想著該如何繼續走下去。

我開始反思，試圖從股東的立場去理解。確實，他的話並非毫無道理。當初我們營運艱難時，他的承諾是出於善意，且只是一個口頭承諾，並沒有明確的期限，畢竟這個提議已經是很久以前的事了。雖然不能勉強他履行當初的承諾，但我相信仍然有機會可以爭取。

就在這時，過往的一件小事浮上心頭。當年剛退伍時，我租屋在景美。有一天，我騎著摩托車經過羅斯福路，因為紅燈右轉被警察攔下。那時年輕氣盛，滿心不服氣，完全不願意低頭，結果被開了一千二百元的罰單。當時心裡又氣又痛，事後想想，這完全是自己硬碰硬的結果，毫無好處。

過了一段時間，我又一次在路上被警察攔下。這次，我學乖了，態度改變了。我放低姿態，連忙向警察道歉，解釋自己離家在台北工作有多辛苦。結果，警察只象徵性地開了三百元的警告罰單，事情就這麼輕鬆過去了。

這段往事提醒我：在面對雙方有衝突或矛盾時，不應該總是硬碰硬，如果一味堅持自己的立場，事情只會走向死胡同。

突然，我想到「讓子彈飛一會兒」這句話。有時候，遇到事情不需要急著立刻行動或下結論，因為當下可能看不清全貌。給自己一些時間冷靜下來，再決定怎麼做會更好。當晚，我靜下來後，好好反思，才看見這件事的癥結點在哪裡。雖然當下沒意識到，但我確實太執著於對方曾經說過願意無條件幫助我的話，把那份善意當作理所當然。可這世上哪有誰必須應該怎麼對你呢？這是我自己要檢討的地方。

隔天，我再次打電話給股東，放低姿態，很客氣地說：「我覺得你說的有道理。」我告訴他，其實這件事並沒有誰對誰錯，我們只是一起在尋找解決問題的辦法。我很感謝他一路以來的支持，誠懇地分享了自己的想法，以及未來方向。我提到公司目前的狀況，他應該也有所瞭解，以現階段如果要我再投入更多資金買回股份，我確實無法承擔，但我真的很希望能得到這個機會，繼續推動與日本合作的可能，也相信他依然願意幫助我。

當我用這種態度溝通後，事情果然開始出現轉機。股東的態度變得柔和起來，似乎也感受到了我的誠意。最終，他同意按照當初的承諾，只取回他原先的投資金額，並將所有股份釋出給我。

這一刻對我來說是一個巨大的轉折點。就這樣，我成功重拾傑思100%的股權，讓自己能夠重新站上主導的舞台，有了與日本投資方繼續談下去的機會。

一年後，二〇一二年六月，我正式引進日本愛德威集團的投資，「傑思・愛德威媒體（JS ADWAYS MEDIA）」由此誕生。

以真誠之心，迎接轉機

回顧這一路，從認識無名小站到透過日本伊藤忠引薦日本愛德威集團的投資，我心中充滿對許多貴人的感謝。尤其感謝這位大股東，他在我創業初期不僅提供辦公室，促成了我與無名小站深度合作的機緣，還多次在我需要幫助時伸出援手。對他來說，這些可能都只是舉手之勞，但卻對我在創業的關鍵時期帶來了巨大的支持。

這讓我明白，有時一個舉手之勞或看似不經意的善意，可能會徹底改變別人的人生。我現在也是老闆，常常提醒自己，不要小看任何一個善意的舉動，因為它可能是別人前行路上的一點光亮。如今，我公司的財務長鄧雲澤（Van）正是這位大股東長年以來合作的財務顧問，透過他們的介紹，這位優秀的財務長加入了傑思，並從創立初期一路陪伴至今，是我重要的左右手之一。

這些年來我經歷過不少低潮，每次遇到困難卡住時，如果能換位思考，並願意反思自己，常常就能看見事情的癥結，原本想不通的困難也可能豁然開朗。

我是你的業務部，整合分眾網站

二〇〇五年我創業的時候，正值網路產業從泡沫經濟中復甦，並逐漸走向更加穩健的發展。Web 2.0時代的來臨，讓網路不再只是單向的資訊傳遞平台，而是轉變為用戶可以參與、創造內容的新興趨勢，特別是垂直分眾網站如雨後春筍般出現，像是愛情公寓、Fashion Guide、優仕網、愛情國小等，這些都是六、七年級生共同的網路青春回憶，都在這個時代蓬勃發展。

當我開始代理無名小站的廣告後，並不滿足於當下的成績，心中總在想，要怎麼樣才能做得更好。這時候，我想到TVBS的家族頻道策略：TVBS雖然自己就擁有很多熱門節目，但他們也同時代理了其他電視台，包括緯來電視台、緯來體育台的廣告等等，他們將這些頻道資源全部整合。不但可以提高廣告投放的效果，還能增加曝光率，提升整體投資回報。

我靈機一動，為什麼不把這種整合作戰的概念移植到網路平台上呢？如果我能將不同網站的力量結合起來，不僅可以交叉運用各個網站媒體的分眾影響力，還能讓知名度與媒體價值產生加倍的效果。這個想法，我稱為「流量整合」。

傑思家族頻道誕生

當時初生之犢不畏虎，我一路往前衝。後來才發現這個市場早已有了大老虎，像DoubleClick、24/7 Real Media，這些國際廣告聯播網的公司技術精準，實力強大，之後也都被Google、微軟、WPP集團收購。

我很慶幸自己當時什麼都不懂，所以也沒有害怕，因為不知道自己面對的是誰，反而不用擔心如何跟這些巨頭競爭。我帶著傑思家族頻道的Sales Kit，專心的一間一間網站去談代理合作。當時，很多網站並沒有足夠的資源去組建自己的業務部，所以我將傑思定位為「中小型網站的委外業務部」。

我當時的合作口號是：「你的網站跟我合作，我就是你的業務部；你的網站沒跟我合作，我們至少還是好朋友。」

就這樣，短短時間內，我成功簽下了愛情公寓、優仕網的愛情國小、滾石移動YOYOROCK、遠創Playblog、手機王、HEMiDEMi、babyhome、智邦生活館、歌詞帝國、ETtoday及DotMore、BloggerAds等二十多家垂直分眾網站的獨家廣告代理權。過去，只有大公司、大集團才有這個底氣去打造家族頻道，但我憑著不到十個人的小團隊，運用整合行銷和廣告聯賣的策略，搭上當時Web 2.0的無名小站熱潮，成功建立了「傑思家族頻道」。在那個年代的台灣網路廣告圈中，我算是最早做聯播網的人之一，也認識了當時許多新創網站的創辦人。

由於代理了這些垂直分眾網站的廣告，我也與各網站的創辦人們越來越熟，讓我驚訝的是，雖然他們在各自的領域中表現優秀，卻幾乎彼此不認識。所以我突然冒出了一個想法：為什麼不把大家聚在一起，互相交流，也藉此機會感謝他們對傑思的支持呢？於是，我決定舉辦一場餐會，邀請這些創辦人們共聚一堂。

然而，當我提出這個想法時，卻被公司的業務主管們否決了。他們擔心，這些創辦人一旦認識後會開始比較彼此的廣告成績，甚至可能會質疑我們的廣告代理能力。他們覺得讓客戶彼此認識反而會帶來不必要的麻煩。

但我不這麼想。既然我們對每個網站都盡心盡力了，又有什麼好害怕的呢？再說，這些創辦人遲早都會認識，為什麼不乾脆由我來促成這個機會呢？每間公司的業績表現本來就會有差異，我們可以坦誠地跟他們溝通原因，討論如何一起提升效果。即使結果不如預期，至少我們已經盡力了！這就是我的個性，我覺得能為整個產業促進交流合作，是一件很有意義的事，越多這樣的互動，越能讓大家一起成長。也正因為我主動聯繫了這些創辦人，才有了後來大家一起推動策略聯盟的故事。

就在這個時期，RSS reader出現，使用者只要在網站上按一下ICON（橘紅色的方塊），就可以訂閱內容，之後網站有新訊息就會主動推播給用戶。

這個小技術讓聯播網中的各家網站有了結合的機會。如前面所說，因為傑思家族頻道，大部分的網站創辦人我都熟識，但是他們彼此間卻不認識，因為他們都是垂直分眾的網站，各自專注在自己領域，沒有人想過彼此之間可以交流些什麼。直到有一天，FashionGuide的共同創辦人謝攸升（Vincent）提出了一個想法——他想成立一個RSS訂閱網站，把大家串連起來。

我和Vincent第一次見面就特別投緣。他非常聰明，我們什麼話題都能聊，又聊得很深入。他說過一句話，我到現在都還印象深刻：「談合作就是希望對方認同你的目標，一起努力。要成功談成合作，有兩個關鍵：要麼比對方更聰明，要麼比誰都更真誠！」他認為我是屬於第二種人，他看到了我的優點，認同了我的價值，讓我覺得自己遇見了知己。

那段時間，我們跟其他網站創辦人，像「愛情公寓」、「Mobile01」、「巴哈姆特」、「BabyHome」，常常討論台灣的入口網站生態，不該只有Yahoo!奇摩一家獨大。而這些網站自己單打獨鬥也很辛苦，於是我們產生了策略聯盟的想法。會有這想法，是大家一起到上海考察時，受到中國一家網站hao123的啟發——它用RSS技術，整合各領域的頂尖網站，首頁裡有很多關鍵字，使用者只要點擊，就可以快速找到需要的內容——我們開始想，或許這個模式也可以在台灣複製，把各個領域最大的垂直分眾網站都串聯起來。

有了這個想法，我們最後共同成立了一家名為「和眾國際資訊」的公司，「和眾」的意思是「結合分眾力量」。我們還創建一個叫「夯網」的平台，網址是「hang.la」，象徵「夯的啦」！這是一個很有趣的嘗試，夯網把不同類型但屬性相近的網站整合在一起，例如時尚、美妝、生活風格等，讓有興趣的廣告主一次就能觸及多個相關族群。

這不只是簡單地把流量和內容整合在一起而已，更重要的是，讓這些內容不同但屬性相似的網站能互相連結，內容還能互相加值。比如當美妝網站在討論妝容搭配時，下方就會連結到另一個時尚網站的穿搭建議。這樣的串聯讓使用者在找資料時有更豐富的內容，也為廣告主帶來更多流量和新用戶。夯網當時串聯了台灣許多頂尖網站，比如「巴哈姆特」、「BabyHome」、「FashionGuide」、「開演電影網」等等。

當時我花了三、四個月，專心的一家家地拜訪所有的網站創辦人。這個聯盟的初衷，是為了給垂直分眾網站提供更多整合機會，並沒有考慮到盈利，更像是一種理想，每次和大家一起拜訪網站，討論計劃時，沒有過多的利益框架，更多的是「我們一起做些有意思的事」的心情。

雖然這個計畫最後因為大家忙於各自的本業，而沒有繼續推動，但過程充滿了理想和熱情，也讓我們建立了深厚的好感情。合作，可以很單純。有共識才能共事，當大家的目標一致，即使最後沒能走下去，也一起經歷了許多寶貴的過程。令人遺憾的是，Vincent在二〇二〇年底因病過世。我永遠記得他對這個聯盟的貢獻，還有我們之間珍貴的友誼。

創業家要能屈能伸

在經營傑思家族頻道時期，我除了代理超過十幾個垂直分眾網站的廣告。當時還有個重要的媒體策略夥伴達摩媒體，他們開發了一個叫做BloggerAds的部落客廣告聯播網。這個產品讓部落客只要在自己的網站嵌入一小段程式碼，就能播放廣告並獲得收益。只要廣告一被瀏覽或點擊，系統就會自動計算報酬，功能有點像現在的Google Adsense。

對經營過部落格的朋友來說，BloggerAds應該不陌生。但很少人知道，如果當年沒有這位媒體合作夥伴的支持，傑思的故事可能早在十幾年前就已經結束了。在無名小站被Yahoo!奇摩收購後，我們一下子失去了主要收入來源，正是靠著達摩媒體這位夥伴帶來的部落客廣告收益，才讓公司勉強維持收支平衡，撐過了最艱難的時期。這不僅幫助我們度過難關，還讓公司得以持續運營直到二〇一二年，傑思媒體獲得日本愛德威集團的投資，成為現在的傑思・愛德威（JS ADWAYS）。對於BloggerAds，還有當年每一位媒體夥伴和廣告客戶在我最艱難時期的支持與幫助，我始終心懷感激。

當理解成為祝福

當時，我邀請了一位年輕且優秀的行銷副理加入公司，負責對接所有網站的行銷窗口。他態度積極、能力出眾，表現相當亮眼。

某天，達摩媒體共同創辦人之一的Adam找我聊起，這位行銷副理表達了想加入他們公司的意願，因為我們的關係一直都很好，所以他特地來徵詢我的看法。聽到這消息，我心裡難免有些不舒服；當時公司營運已經不容易，人才是公司最寶貴的資源，如果他真的跳槽，對公司多少會造成影響；我也擔心萬一其他同仁也有樣學樣，對公司的穩定和發展都不是一件好事。

當下，我坦白說出了我的擔憂，尤其是團隊同仁轉職到合作夥伴的公司，除了人才流失，還可能會影響公司的整體氛圍。原本事情就這麼打住了，意思是我不同意他轉職。但等我冷靜下來，想了一天後，又有新的想法：如果一個人的心已經不在公司，強行挽留也沒有用，不如換個角度想想，理解他想去新公司學習成長的意願，並保持彼此之間的良好關係。

於是，我找來這位行銷副理，給他祝福，並同意他轉職。畢竟，他的能力確實很好，如果他能幫助媒體夥伴的產品做得更好，我們的代理銷售也會因此受益，這對大家來說都是件好事。我也向達摩媒體兩位創辦人夥伴 Mars、Adam 表達了我的理解，只希望在他轉職後，能繼續保持雙方代理的合作穩定。他們兩個聽了都鬆一口氣，這件事也算圓滿落幕。

最終，這成為一個三贏的局面。這位行銷副理在夥伴公司充分發揮了他的才能，讓產品表現的更好；我們的業績也跟著提升，合作關係依然穩固。他自己也在那裡得到了成長，後來成為業界知名的顧問與暢銷作家。

關鍵時刻的情義相挺

雖然我與達摩媒體以及那位行銷副理有多年的情誼，但在業務發展的考量下，有一天他們還是提出了收回代理權的想法。

那是二〇一一年底的某一天中午，我們在南京東路的古典玫瑰園進行午餐會議。在過程中，達摩媒體正式對我提出了他們的決定：由於公司策略的調整，計劃收回傑思銷售BloggerAds廣告產品的代理權。

聽到這個消息，我幾乎沒多想，立刻從椅子上站起來，對他們兩人深深地鞠了個九十度的躬。這不是一個卑微的舉動，而是出於真心的懇求：「如果你們現在收回代理權，我大部分的業績會馬上歸零。請再給我三個月到六個月的時間，好讓我有空間去規劃，面對失去這個佔公司近七成業績的媒體產品後的下一步！」

最後，他們同意了我的請求。那天談成的協議內容我永遠難忘。事實上他們沒有義務，也不必再多給我這段延長的時間，但對當時的傑思來說，這段時間對公司的生存至關重要。

他們的決定讓傑思得以繼續前行。隨著三、四個月的緩衝期結束，我們正式終止了廣告代理合作。我永遠記得和達摩媒體終止合作的那個月，我們的當月總業績不降反升，原因是台灣網路行銷產業剛好迎來了到現在都持續火紅的新媒體平台facebook。而剛好就在這個時候，日本方的投資也終於正式敲定。

正是這幾個月緩衝期，幫助我撐到了業務版圖順利轉移的那天，也等到日本投資的到來，否則我可能撐不過當時的困境，直到現在心裡對他們仍充滿感激。

不久之後，我在達摩媒體投資成立的紅門互動新公司發布會上，再次見到Adam。我們在會場握手，互相祝賀。他隨後跟我說：「如果我們滿足也珍惜現在所各自擁有的，那就代表過去這麼多年來，我們兩家公司在合作過程中的所有風風雨雨，都是對的。」這些話至今仍深刻在我心底。

選擇創業的人都有自己的堅持和理想，但在公司面臨生存危機時，也要懂得能屈能伸。我的同理心讓我沒有堅持阻止人才的離開，反而促成了這段深厚的情誼。而在公司最艱難的時候，我也願意放下身段，懇請對方幫忙，讓公司得以喘口氣。正因為如此，我才能堅持到獲得日本愛德威集團投資的那一天。

與投資者相處之道：用數字說話，比任何人都真誠

從我正式引進日本愛德威（ADWAYS INC.）投資已經過了十三年，許多朋友問我：「為什麼你能一直和海外投資方保持這麼好的關係？」

我總是說：「第一，數字要先說話。第二，即使承諾的數字做到了，還是一樣互相尊重不拿翹。」想想看，如果這兩點都做到了，誰會不喜歡跟你合作？誰會和你關係不好呢？

跨國結盟的起點

二〇〇七年，我認識了幾位在伊藤忠商事工作的日本朋友。當時我並沒有尋求外部投資的打算，只是單純地和他們交朋友，聊聊台灣的網路和媒體環境。那時台灣的Web 2.0剛剛起步，每次他們來台灣，有時還帶日本同事或其他公司來拜訪我，我也很樂於介紹一些業界的朋友給他們認識。雖然我的英語很爛，日文更不行，但這並不妨礙我們溝通。我經營的公司雖小，但他們總是樂於和我見面，我也非常珍惜和這些日本朋友的交流機會。

過了幾年，我得知他們投資了一家名為「愛德威（ADWAYS INC.）」的上市公司，這家公司是日本網路整合行銷的先驅，尤其在智慧型手機App廣告推廣方面領先業界。當日本愛德威計劃進軍台灣市場時，伊藤忠商事主動推薦我，並表達他們希望注資傑思的意願。我意識到，這不僅僅是一筆投資，更是一個讓公司再上層樓的機會。

不過，整個投資過程並非一帆風順，談判來來回回，談了將近一年。為了讓投資方放心，我完全敞開心胸，毫無保留地提供所有財務報表、業務計劃和市場策略，讓他們瞭解傑思的現況和潛力。即便如此，我也堅持要保留對傑思決策的主導權，不能因為引進資金而失去自主性。這不僅是資金引入，更是一段長期合作的開始。

二〇一二年六月，日本愛德威最終決定投資傑思，隨著他們的投資，台灣正式引進日本愛德威當時的專利產品AppDriver，這讓我們能夠快速拓展業務，成功進入台灣和大陸的遊戲市場，並拿下多家大客戶，這對傑思的發展是一大突破。

回顧這段合作，我心中滿懷感激，特別是日本愛德威的岡村陽久社長（Haruhisa Okamura）、野田順義（Nobuyoshi Noda）、清水洋一（Shimizu Hiroshi），他們不僅看到我們的潛力，隨著合作的深入，彼此也建立了深厚的默契，關係越來越緊密。

回想起二〇〇七年，公司縮編的時候，我第一次走進忠孝東路五段的辦公大樓，抬頭看到「克麗緹娜」四個大字佔據了整層二十七樓，而我只能租下十一樓其中四分之一的小單位。站在大廳裡，望著高處那個招牌，心中默默立下一個目標：有一天，我也要拿下一整層樓！

多年過去，隨著公司的成長，傑思．愛德威媒體從最初的小單位逐步擴展，如今已擁有十八樓和二十一樓，共八個單位，橫跨兩個樓層的空間。這一路走來，滿懷感恩與驕傲。

隨著規模擴大，團隊也從當初不到十五人成長到現在一百三十人左右，每月營業額突破億元大關。我們經銷代理的媒體高達一百多家，其中更成為LINE在台灣最大的廣告經銷商，也是全台唯一一家榮獲「綠鑽石」最高等級的廣告經銷夥伴。這段歷程不僅代表業務的拓展，更是對每位團隊成員努力與堅持的肯定。

是家人，就應該說出心裡話！

我一直相信，真誠是打破隔閡、建立關係的最好方法。和日本投資者合作多年，我發現除了數字之外，更重要的是坦誠相待，有話直說。即使業績不錯，我也從不自滿或拿翹。大家都知道，和日本人互動通常很講究禮貌，說話的方式也比較委婉。但我發現，直爽地表達自己，反而能讓關係更進一步，溝通更順暢。

其中一次經歷讓我印象深刻，那是我引進日本投資後，在台北舉行的第一次董事會，名義上是董事會，實際上更像是一場業績檢視會議。雖然當時公司業績明顯穩定增長，但日本董事們卻全程表情嚴肅，讓會議氣氛非常緊張。雖然知道這可能是他們一貫的工作態度，但我心裡不免還是感到不舒服：「為什麼要這麼嚴肅？明明業績很好，這應該是件好事啊！」

我的個性向來直率，終於忍不住開口：「請問你們有需要這樣嗎？說實話，你們這樣的表情，讓我想到小時候在電視上看到日本軍人的樣子，很不舒服。」話一出口，整個會議室的空氣瞬間靜止，氣氛一下子變得更加凝重。董事們聽完後，全都愣住，臉色變得非常難看，接著，其中一位說：「我們先休息一下吧。」於是大家暫時離開了會議室。

在那短暫的休息時間裡，我一度也在想，剛剛的話會不會說的太重了點？然而五分鐘後，當董事們回來時，他們的表情突然變了，其中一位突然露出笑容，還給了我一個大大的擁抱。這個擁抱，瞬間打破了所有的隔閡。從那時起，大家都放下了防備，關係也變得更加融洽。

我不是鼓勵大家在任何場合、對任何人都直言不諱，更不是隨意說出不滿的話，這樣不僅容易得罪人，還會讓人覺得很沒分寸。但有時候，不修飾的表達、真實的反應，卻能讓別人更瞭解你。過於客套或一昧保持客氣，反而成了一層無形的保護色，把人隔絕在外而不自知，也讓對方不好意思說出真正的感受，結果，關係停留在表面，無法更進一步。

還有一次，我帶家人到東京，那趟行程不只是為了參加董事會，也順便旅遊。日本愛德威的創辦人和董事們熱情邀請我去新宿鬧區一家高級的六歌仙燒肉店，我也帶了家人一同出席。我知道這樣的互動方式在日本不常見，尤其是這種正式的商務聚餐，帶家人參加更是少見。

所以，坐下來喝第一杯酒時，我特地說明：「我很感謝這十多年來我們的緣分。很多人問我為什麼我們始終能相處得這麼好？我的答案很簡單——首先是要讓數字說話，但更重要的是，我們彼此真心的把對方當家人。」接著我又說：「今天帶家人來，是因為我覺得這是個重要時刻。如果只是談公事，我會安排他們自己吃飯，但那樣反而像是把你們當外人。我希望你們不介意，因為對我來說，這是一場 family 聚會。」

對我來說，或許老天爺給每個人的天賦是固定的。如果我無法變得更聰明，那我就變得更真誠。溝通這件事千萬不要嫌麻煩，和人相處時，如果我意識到某件事可能會讓對方有疑問或不舒服，就算是件很小的事，我也願意好好說明我的想法和初衷。信任和關係都需要用心去建立，不能指望別人自然而然就能懂你的心思。

回想日本投資案終於敲定時，愛德威的創辦人岡村先生特地飛來台灣簽約。簽約結束後，他問我：「接下來，你希望帶領傑思的團隊走向什麼方向？對未來有什麼期許？」我當下不想透過翻譯，便直接用最簡單的英文回答腦中浮現的第一句話：「Happy work, work happy！」雖然聽起來直白，但我真心希望公司能成為一個讓大家在開心中學習，在學習中成長的地方。這句話後來還被貼在公司入口，成為同仁的座右銘之一。

十多年過去了，每當和日本股東們開會接近尾聲時，我都會邀請大家一起喊一句「Ganbarou！」日文裡，「Ganbadei」是「你加油」，而「Ganbarou」則是「我們一起加油」。這個小小的儀式代表著，不管遇到什麼挑戰，我們都是一家人，一起努力，一起前行！

創業這二十年，我一直堅持一件事——就算在創業前期公司沒賺什麼錢，但只要有賺，我幾乎每年都一定想辦法帶同仁們出國旅遊。除了疫情那幾年無法出國，我們的足跡已經走遍了關島、長灘島、薄荷島、沖繩、首爾、釜山、大阪、京都等城市。我特別愛海島國家，因為能讓大家真的放鬆，享受沙灘和一起玩水的美好時光。這些回憶也讓公司氛圍變得特別融洽。

我們公司平均年齡偏年輕，很多同仁才二、三十歲，所以人資部舉辦的活動都很有創意。像有一年情人節，他們特別挑選來自荷蘭、倡導公平貿易的東尼巧克力。設計組主管Jerry還自掏腰包安排一場比賽，讓大家參與創作，最後選出最好的設計，做為禮物包裝送給大家。每年年底，公司還會舉辦一場熱鬧的年貨市集，邀請各類酒商、伴手禮、零食、服飾，甚至醫美廠商，將十八樓的休息區佈置成一個年貨大街。同仁們整個下午都可以吃吃喝喝、揪團買東西。因為是團購的概念，優惠通常都很划算，甚至還有同仁揪團一起做醫美，場面熱鬧得不得了。

除了年貨市集，我們也經常舉辦各種有趣的活動，比如長期認養苗栗的契作田，已經連續三年帶同仁去插秧、收割石虎米，讓大家體驗農村生活；或是在王朝飯店頂樓舉辦烤肉派對，現場有專業調酒師調酒，還有樂團演奏；我們還會邀請品牌客戶一起參加，輕鬆聚會，不談公事。我相信這些活動和交流，能讓大家更有歸屬感，同仁開心，自然對工作更有動力。有時年輕同仁還會跟我說，他們很崇拜我，把我當成學習的榜樣，我聽了固然很開心，但也倍感責任，覺得自己更要不斷成長，才能帶領大家一起變得更好。

理解與包容：在文化差異中一起成長

和日本股東合作的過程中，我發現他們在還沒有完全信任你之前，對任何事情都特別謹慎小心，而一旦認定彼此是可靠的合作夥伴，就會給予充分的信任，甚至放手授權。他們這種細緻而周全的做事風格，剛好為我們帶來了互補的平衡。因為台灣團隊擅長抓住市場機會，經常提出許多新想法，有時候也很敢衝，而日本團隊則會更注重流程和風險的全面評估。即使雙方意見不合，只要我認為自己的建議是為了公司的長遠發展，我還是會堅持自己的立場，但我會不厭其煩地溝通，確保對方明白我的用意以取得共識。

隨著合作深入，我們越來越瞭解彼此工作方式，也逐漸適應文化差異所帶來的不同視角，最終找到了適合雙方的合作節奏。

引進日本投資的第一年，發生了一個小故事。當時日本愛德威從上海安排了一位不到三十歲的日本同仁來台灣，負責台灣和日本的對接，那時候我和日本方面談論關於我個人的年終獎金條件時，彼此之間的溝通出現一些落差，導致協調過程中產生誤解；對我而言，我認知原本約定好的條件，日本那邊卻有不同看法，雙方的認知差距讓關係一度變得有些僵持。隨著事情遲遲無法達成共識，這位日本同仁的壓力越來越大，面對我和日本投資方之間的問題，他顯得非常焦慮。

有一天，我正忙著趕去一個餐會，他突然跑來拉住我的手臂，眼中既生氣又無奈，壓抑得快要爆發：「老大，這件事到底要怎麼辦？我們已經僵持太久了！」

我看得到他的不安，於是將他帶回我的辦公室。我立刻請來財務長，告訴他：「請你跟他說我剛剛出門前在電話裡對你說的內容。」

財務長便向這位日本同仁說明：「老大這邊已經決定了，雖然雙方對這件事情認知不同，但如果這個情況讓你這麼為難，他知道你已經盡力了，所以為了不想讓你為難，他願意犧牲自己的權益來配合日本的想法，好讓你能順利完成工作。」一話才說完，那位日本同仁眼中突然泛起了淚水，情緒瞬間潰堤。他低頭哽咽，顯然是被我的體諒打動了。

有時候，我們自認為「對」的選擇，並不一定是「唯一」的選擇，也不一定是「最好」的選擇。在雙方意見不合的時候，選擇同理對方，甚至自願退一步，從長遠合作的角度來看，一時的利益並不值得過於計較。堅持自以為是的「理」而失去了彼此的「情」，難道真的就是最好的嗎？選擇包容與理解，或許才是一條更值得走的路。

幾年後，這位年輕的日本同仁自己創業，現在已經是一位成功的創業家。我跟他依然是很好的朋友，我很為他的成就感到高興。

從中間商到生態圈：
傑思．愛德威的創新蛻變之路

自從我引進日本投資後，心裡的底氣瞬間增強不少。畢竟，公司的主要股東是一家日本上市集團，這給了傑思一個很好的利基點，再加上日本股東非常看好即將蓬勃發展的手機遊戲市場，所以大力支持，讓我獲得更多資源來開發遊戲業務。果然，從二〇一二到二〇一四年間，中國大陸、台灣和日本的手機遊戲市場迎來爆發性的成長，競爭激烈，變化也非常迅速。

在這股浪潮中，我順勢引進日本愛德威的專利產品 AppDriver，這是一個行動App 的廣告激勵平台、模式是「獎勵式廣告 + 安裝計價」，用戶下載 APP 即可獲得獎勵，廣告主藉此提升曝光與排名，加入平台的APP開發商增加收入且不流失用戶，真正實現三方共贏。公司原本和遊戲客戶的合作並不多，但隨著這個產品的推出，我們與遊戲公司的合作越來越緊密，遊戲廣告逐漸成為公司最大宗的營收來源之一。AppDriver與手機遊戲的結合，大大提升了業務動能，那幾年公司真的可以說是如魚得水，業績飛速成長。然而，市場的紅利期不會永遠持續下去，我們很快意識到不能只依賴遊戲業務，於是開始拓展新領域，進軍影音廣告、YouTube、FB、IG等平台，同時密切關注各種新興模式。隨著口碑行銷和網紅經濟的崛起，我們也順勢抓住機會，成為最早投入KOL行銷的公司之一。市場變化雖然帶來不少壓力，但我們時刻調整步伐，緊跟市場脈動，努力保持領先。

超前布局，提升公司定位

早期的傑思只是一家媒體代理商，負責幫品牌客戶操作媒體投放、賺取佣金，但像飛利浦、UNIQLO這些大品牌的需求遠不止於此。他們不僅需要曝光，還想傳遞品牌理念、塑造生活態度，甚至在市場中與消費者建立更深層的連結。這讓我覺得，我們的價值不能只停留在執行層面。我希望傑思能成為品牌的首選顧問，當他們需要策略支持時，第一個就會想到傑思。我想要打造一個讓品牌離不開的超專業團隊，藉由資源整合，精準抓住品牌客戶核心需求，並為他們提供全方位的行銷解決方案。

為了達到這個目標，我帶領公司從單純的數位媒體投放，擴展到電商、品牌顧問、技術等整合服務。同時也開發自有產品，比如在 Cookie 消失的議題剛興起時，我們就率先推出了私域流量行銷系統 IDEA PUSH，幫助客戶掌控自主流量，減少對第三方平台的依賴。這個過程並不容易，最大的挑戰是招募和培養人才，以及讓現有的團隊能跟上公司的改變。我們需要從小公司時期那種靈活的合作方式，轉型成一個分工更細，運作更有系統的組織。同仁們必須不斷提升專業技能和穩定性，來適應更高要求的工作。同時，培養跨領域的思維也很重要，我希望大家都學習從更高更廣的視角看問題，而不只是局限在自己的專業範疇。

為了做到這些，我投入了大量資源在人才培訓上，不僅專注專業技能的提升，人資部總監 Elsa 還安排溝通訓練、團隊合作，甚至身心健康相關的課程。我們還曾經安排過一堂生命數字課，請專業老師來分享如何透過這種基於大數據的分析工具，幫助大家更中肯地瞭解每個人的個性特質，以及擅長或不擅長的領域。同仁們因此能在與客戶合作或團隊協作時，找到更合適的方式應對，也能更有效地發揮各自的長處，提升彼此的默契和效率。最終，安排這些課程都是希望能在輕鬆的氛圍中幫助同仁們拓展視野、提升自我。培養一支能力全面的團隊需要時間和耐心，但這是公司長遠發展中不可或缺的。當我們與 UNIQLO 一起拿下二〇二三年度傑出社群經營團隊金獎時，我感到非常欣慰，更確信我們正在朝著正確的方向前進。從一家單純的媒體代理商，到如今的全方位整合服務提供者，我們一步步成為品牌的重要合作夥伴，不只是執行任務，而是一起實現更大的長遠價值。

用打群架打天下

創業以來，我一直堅信，合作比單打獨鬥更有力量。創業初期，我拿下無名小站的廣告代理權，這對我來說是一大助力。但如果想讓事業走得更遠，必須把目光放得更遠，尋找更多有潛力的合作夥伴。

於是，我開始打造「傑思家族頻道」，陸續代理了「愛情公寓」、「手機王」、「Baby Home」、「優仕網」和「台灣論壇」等網站，它們的用戶群各有特色，流量也互不重疊。我發現，如果能把這些網站的資源整合起來，就能吸引更多廣告主，不僅帶來更大的收益，還能放大每個網站的影響力。這就是「策略聯盟」的初衷：整合資源，實現共好。

後來，我有機會到政大和台大進修，結識了很多來自不同行業的學長姐和企業家。他們開闊了我的視野，也讓我明白，合作不一定局限在同一領域，只要彼此有專業和信任，反而通過跨界，能夠攜手創造價值，激發更多創新的可能。

我記得在TVBS工作時，認識一位媒體界的前輩，他每次找人談合作，開頭第一句都很有自信地說：「我有一個可以讓你賺錢的機會。」這句話讓人信服，因為他對市場的理解透徹，對自身資源掌握到位，更清楚自己是個能帶來共好的人。他知道，和他合作絕對是雙贏，跟他合作就是賺到。

除了人脈和能力，最重要的還是個性。「打群架」不是單純的甲乙雙方合作，往往牽涉三方、四方，甚至更多人一起協作。這樣的合作，短期內可能看不出明顯的好處或壞處，甚至需要長時間投入，考驗的是每個人是否能不藏私，將自己的資源拿出來，共同把餅做大，再一起分享成果。在這過程中，個性就顯得格外重要。有些人面對利益衝突時，能優先考量整體共好，而有些人則選擇以自身利益為先。這沒有對錯，但能否成為適合打群架的夥伴，往往就取決於這些選擇。

以協會糾眾人，做服務眾人之事

我能有機會參加IAMA（台北市網際網路廣告暨媒體經營協會，現更名為台灣數位媒體應用暨行銷協會[DMA]），也算是打群架力量帶來的收穫。IAMA是當時台灣最具規模與影響力的數位行銷協會，目的是為了推動台灣數位生態圈的健全發展，透過會員彼此資源的相互提攜，共同提升數位行銷產業。

協會初創時的理監事大多是大型代理商或大型網站的代表，像YAHOO!、MSN、蕃薯藤等，雖然我自己只是經營一家小公司——傑思，但因為代理了無名小站和其他二十多個網站，讓我有了在這個平台上發聲的機會。

進入協會後，我逐漸獲得大家的認可，因為代理許多垂直分眾網站，自然而然成為這類型網站的代表。隨著時間推移，我被推舉為理事，之後更擔任了常務理事。二〇一二恰逢理事長任期屆滿，我很榮幸地順勢被推選擔任協會理事長這個職位。

對於IAMA協會的工作，我一直很投入，因為既然參與了，就希望把事情做好。那段時間，我熱情邀約不少業界公司加入協會，大家的參與也讓這個平台更具活力。讓我特別有成就感的，是能促成更多網站加入協會，這不僅是我當時的目標，也是我和好搭檔協會秘書長王子蓓以及當時所有理監事們共同努力的成果。我們一起做了很多事，讓整個團體的氛圍更加積極向上。還記得我女兒出生那天，正好遇上常務理事的選舉，投完票後，我就急忙趕往產房。當時甚至對朋友們開玩笑說，想將寶貝女兒的名字取名叫IAMA（艾瑪）呢！

1+1>2的整合時代

多年前，在政大企家班上聽了一堂讓我印象深刻的課。那天，併購大律師黃日燦正在分享他協助台灣電子業大聯大控股集團成立的經驗，我第一次真正理解了什麼叫做產業控股。在聽著他講解佳世達這類產業控股的模式時，腦海裡突然浮現了一個想法：我們的數位行銷產業，是不是也可能朝著這個方向發展？大家一起合作，創造一個共贏的局面？

當然，不是每個產業都適合這樣的整合模式。電子業之所以走向整合，很大程度上是因為毛利競爭太激烈，在削價競爭的壓力下不得不如此。但我一直相信，如果一個產業中有許多具有獨特價值的公司，大家願意以正向的方式合作，這必定能為整個產業帶來良性的發展循環。

整合的概念一直在進化。最早的時候，我的角色是流量整合，幫網站賣廣告版位，代理多個網站的流量。當時的網路廣告市場還在起步階段，每個網站各自作戰。後來，我開始接觸內容整合，發現每個網站都有自己的價值和忠實用戶，於是催生了「夯網」和一系列策略聯盟，讓這些垂直分眾網站相互連結、資源共享。到了現在，我更專注於數據整合。

數據整合不只是把資料堆在一起，而是要打造一個完整的生態系。例如，幫品牌投放廣告時，不僅要考量流量，還會分析用戶的興趣、行為模式，甚至跨平台的互動方式。這需要整合來自社群、電商和實體通路的數據，將這些資訊轉化為行動策略，讓行銷更精準、更有效。

在二〇一二年，大數據的重要性開始被討論，但真正懂得如何應用的人並不多。這些年來，我和許多「競合」公司一起摸索。為什麼用「競合」這個詞？因為我從不把別人單純當作競爭對手，而是希望大家在競爭中找到合作的契機，攜手把整個產業的餅做大。

從數據整合到產業整合，層次又更上一階。產業整合不只是行銷上的合作，而是將視角提升，連結不同領域的夥伴，實現資源共享、優勢互補，創造一種共生共榮的關係。要成為一個成功的整合者，最重要的是要讓別人信任你。整合的本質在於說服別人把自己的資源、時間和人脈拿出來共同投入。沒有深度的信任，再好的計畫也只是空談。

除此之外，還需要三個能力：第一是洞察力，能快速看清市場需求和資源的價值。第二是協調力，善於平衡各方利益，讓每個人都看到合作的好處。第三是執行力，能夠將想法落實，把整合計畫從藍圖變為現實。

在這個變化迅速的時代，整合已經不是一個選項，而是一個必然的趨勢。我期許自己成為一個整合者，不僅帶領公司不斷前進，更為合作夥伴們找到共好、攜手成長的路。

分享，無心點水卻起漣漪

一位認識二十年的老朋友說，這麼多年來，他覺得我好像具備一種心想事成的能力：只要我一旦心裡動了個念，事情就好像有機會成局。這句話讓我會心一笑。回顧一路走來，心中滿懷感恩，許多人的幫助和提攜成就了今日的我。但仔細想想這幾十年的經歷，我發現，成局這件事或許和我樂於分享的個性脫不了關係。

有些人擅長獨立思考，而我更喜歡透過與人互動來激發靈感。在聊天、討論和交換意見的過程中，吸收新資訊、獲得反饋，讓自己保持敏銳和洞察力。這是我一直以來的習慣。每當腦中有了新的構想或計畫，只要遇到合適的對象，我就會說出來。有些人可能會覺得，想法還不成熟時不該輕易跟別人說，怕被誤解，或者萬一後來沒做成，反而會顯得沒面子。但我認為，只要這些構想不會成為自己的阻力，被知道也無妨，那為什麼不分享呢？不說，本來就什麼都沒有，也沒什麼好失去的。可是一旦說出口，搞不好就能遇到志同道合的夥伴，幫助這些想法更快落實。

同時，說出來的這個過程也在幫我釐清思路。從別人的反應和回饋中，我能不斷修正自己的想法，讓原本模糊的計畫變得更具體。更重要的是，每一次分享，都讓我的策略在調整中越來越完善，最終有機會變成可行的方案。更妙的是，這樣的分享有時也會帶來意想不到的機會。因為說出來，雖然可能讓一些將我視為競爭者的同業瞭解我的計畫，但同時也能讓潛在合作夥伴更清楚我的方向。如果我的計畫剛好符合他們的需求，他們或許會主動聯繫我。這樣一來，見面時彼此不需要再猜測對方的意圖，合作也能變得更順暢、更高效。對我來說，分享不僅是一種溝通方式，更是讓想法進化和實現的最佳途徑。

回頭看這一路，說不上無心插柳卻也陰錯陽差地成蔭，現在看來，樂於分享的個性也算是我追夢路上的意外助力，不經意間讓許多機會悄悄成真。

勇敢做Podcast，讓影響力破圈

「老大，我覺得我們應該開個Podcast頻道，經營自媒體。你認識這麼多產業的朋友，每週邀請一位來賓，一定能碰撞出許多火花，也能讓更多人瞭解不同的產業。」

開始做Podcast是公司營運長劉怡伶（Elynn）的建議，那時正值二〇二〇年，台灣的Podcast元年。這個由賈伯斯在二〇〇八年提出的概念，經過多年的沉澱，終於在台灣開始風行。這股熱潮讓我想起了早期的無名小站，不同的是，從照片和文字轉變為聲音。

我從來沒有寫過部落格，也沒有開過YouTube頻道，這次親自嘗試做Podcast，希望透過實際操作來瞭解這個生態，看看新媒體的影響力。親自參與後，我和同仁們對KOL和Podcaster的需求有了更深入的理解，也更清楚品牌應該如何進行行銷上的佈局。

《Jason好好聊》的初衷，是希望透過邀請各行各業的朋友，以輕鬆對談的方式，分享他們的觀點和經驗。從第一集到現在，已經邀請超過一百八十位來賓，涵蓋了各行各業，包括專業經理人、企業接班的二代、創業家等等。透過他們的故事，我和聽眾一起學到了很多寶貴的經驗。例如，過去我們可能都很羨慕二代接班人，覺得他們含著金湯匙出生，但透過《Jason好好聊》之後，才發現這些光環背後也有很多不為人知的挑戰。他們不僅要面對家族的期待，還可能需要面對與上一代的磨合，甚至衝突，更要突破自我，克服各種困難，才能順利接班。

同樣的，專業經理人幾乎都有一張完美無缺的履歷，各個還都是學霸，而創業家們的故事則充滿了酸甜苦辣。每個角色、每個職位都有自己的辛苦和挑戰，這些分享讓我有機會深入瞭解這些朋友平時不容易看到的一面。透過他們也學到了許多受用的觀點。甚至有些來賓上了節目後，聽眾真的去買了他們的產品，還特地傳訊息告訴我，產品很好用，開玩笑建議我應該開個《Jason好好買》頻道。這個Podcast不只是我和來賓的交流，還成了我和聽眾聊生活、談工作的地方。

從緊張到自在，原來做自己最輕鬆

我很慶幸自己天生有一個不太預設立場的個性，很願意嘗試各種新事物。

還記得第一次錄製Podcast時，我非常緊張。公司營運長，也是我的「經紀人」Elynn負責打點所有錄音細節，從整理受訪者資料到提醒我錄音前不要吃辣，她都安排得井井有條。

她對我說：「老大，你就放輕鬆，做自己就好。」

一開始大家還擔心：「節目要一週更新一次，會不會很快就找不到來賓？」結果到現在，我想邀請的人越來越多，反而開始考慮要不要一週錄兩集了。真的很感謝幾年前尖端出版社的創辦人黃鎮隆（Michael哥），推薦我去政大企家班進修，讓我跳出了網路行銷和廣告領域的框架，視野大大拓寬了一番。其實當時我只是單純想回學校讀書，由於政大企家班是學分班，既然選擇去進修，我就想給自己五專畢業的學歷再添上一張碩士文憑。也因為這個機緣，之後我又去念了台大EMBA。這兩個學校都讓我認識了一群非常優秀的學長姐們，成為節目源源不絕的來賓人選。

隨著越來越多優秀來賓上節目，《Jason好好聊》也漸漸擴展了聽眾圈。例如，我邀請政大企管所司徒達賢教授、城邦媒體集團的何飛鵬執行長等嘉賓上節目時，總會吸引更多人的關注，讓節目知名度逐漸提升。

節目做了四年多後，有一天我收到一則來自五專老同學的訊息：「最近聽了你的Podcast，真的很不錯，能讓大家更瞭解不同產業，不僅對工作有幫助，對人生態度也有所啟發。」這讓我覺得很開心，感覺自己是在做一件很有意義的事。

從一開始的緊張，怕說不好、怕冷場、怕功課做不夠，到現在我越來越自在，就像和老朋友敘舊般，越聊越輕鬆。這個節目已經成為我人生中重要的一部份，我期待能帶給大家更好的內容，一直長久的做下去。

好奇與傾聽是最佳的主持心態

做 Podcast 這幾年，我發現，主持人不需要裝得多聰明或多有學問。反而是坦誠自己不知道後，才能真正打開對話的大門。在節目中，我常坦白自己對某些產業不熟，有些內容真的聽不懂時我也不會裝懂，而是直接說出來，這反而會讓來賓放鬆，更願意細心解釋，分享更多有趣的故事，對話也因此更深入。

對我來說，節目的重點不只是介紹來賓，因為網路搜尋早已讓資訊隨手可得。我希望藉由輕鬆的對話，擦出更多平常看不到的火花，也讓來賓展現不同的一面。很多時候，透過同理心的交流，甚至能讓他們真情流露。我曾半開玩笑地說，能聊到讓來賓紅了眼框、落下眼淚，對我來說也是一種成就。

到現在我所訪談過來自各行各業友人的對話，不僅讓我深入瞭解不同領域的故事，也帶動了我的成長。對我而言，主持Podcast不需要假裝自己什麼都懂，只要抱持好奇心，真心傾聽，就能讓節目自然呈現出豐富的內容。正如司徒達賢教授曾說：「教學就像吸星大法，學到最多的往往是我自己。」這句話正好描述了我的感受。四年多的主持經歷，讓我成為這趟旅程中收穫最多的人。

Chapter

03

成就自己的解方

在五十年的生命經驗中，遭遇了各種課題，有些堅持，有些改變，有些放過別人，有些放過自己，也發現做自己不能全靠自己。

努力只是成功的必要條件

很多人問過我：「為什麼你第一次創業就這麼成功？」「Jason，你到底有什麼祕訣，能做到現在的成績？」

機遇與準備：創業成功的黃金配方

「十年的廣告業務經驗與人脈」、「鍥而不捨的精神與努力」，可能大家會以為成功的關鍵就在這些，但這些只是必要條件；我創業能成功，其實還要加上天時、地利、人和，三者缺一不可。

二〇〇〇年初，台灣正處於網路產業低潮後，逐漸復甦的階段，各方人才聚集；無名小站掀起了UGC的風潮，而電視和唱片卻因網路媒體和盜版MP3的衝擊逐漸下滑；這就是天時與地利，如果不是這些外在環境的變化，我未必會選擇離開電視台這個舒適圈，轉而進入網路產業。

如果當初我沒認識小光，或者沒有一路上這些願意幫助我的貴人，讓我在創業過程中數次化險為夷。我的創業路很可能早就結束了。

創業需要天時、地利、人和，更需要運氣。沒有運氣，再多努力也難成功；但如果沒有努力和準備，就算運氣再好，機會也會溜走。所以，我始終覺得：努力只是成功的基本條件。

態度，釀造運氣

在職場上，能力和態度哪個更重要？一邊是能力普通，但認真可靠、凡事會為他人著想的人；另一邊是能力出色，但比較自我中心、只顧自己的人；如果你是老闆，你會選擇跟哪種人合作？

我常說：「人不對，什麼都不對；人對了，什麼都對！」與人合作時，我從不先看對方多有錢、技術多厲害，或商業模式多吸引人，更在意的是他是否坦率、值得信任，有沒有共好的心態。只要人對了，就算初期計劃有瑕疵，也能一起調整到正確的方向；但如果人不對，即使計劃再好，一旦利益或價值觀不一致，關係也容易破裂，最後只能分道揚鑣。

每個人內心都很敏銳，心態和處事方式隨時間會慢慢被看透。過去二十年，我在新創圈見過很多聰明又有才華的創業者，但為什麼這麼多優秀的人最終悄然退出舞台。問題可能不在於他們的能力或商業模式，而在於態度，有些人雖然能力強，但因為傲慢，不尊重他人，或過度自我為中心，讓人無法信任、無法交心，這成了最大的阻力。我常說：「有信任，什麼都好談；沒信任，再多話也是白搭。」如果別人對你心存疑慮，不願靠近你，即使你再優秀，也可能錯失支持與機會，最終只能孤軍奮戰，事倍功半。

至於「幸運」和「運氣」，雖然聽起來很像，但我認為兩者是不同的。幸運是天上掉下來的禮物，比如中樂透，是不可控的；但運氣是可以累積的，要先擁有好運，才能迎來幸運。而這份好運，往往與態度有關。

城邦媒體集團的何飛鵬執行長曾在《自慢》中提到：「態度，源於信仰。」這句話我很有共鳴。態度背後藏著一個人的價值觀。如果你相信人性本善，而不是陷入「你多了我就少了」的零和思維，自然會更坦誠、更慷慨，願意平等對待每個人。

這些發自本心、沒有交換心態的行為，會吸引別人靠近你。有機會時，他們也會更願意優先想到你。這種感覺很微妙，像是一股好運的磁場，讓機會和貴人自然而然地靠過來。這是我多年來在職場上體會到的：態度，決定一切。

創業，真的沒有多了不起

每當看到身邊的年輕朋友談起創業時，總帶著一種憧憬，我就忍不住想告訴他們：創業在我看來只是一種職涯選擇，和其他工作一樣，需要付出努力、承受壓力，甚至比上班族少了穩定和保障，並沒有那麼令人羨慕。

最近翻閱二〇二三年我接受訪問的一段文章，主題是「從上班族到創業的心態轉變」，當時我隨口說了很多感想，現在再回顧，依然覺得感觸頗深。我說：「創業並不是什麼高尚的選擇，真正的挑戰在於心態的轉換。」這意味著，從公司營運到財務壓力，每件小事、每個環節都需要自己扛下來。不管成功或失敗，你都無法推卸責任，百分之百得由自己承擔。

如果你想創業，我會問你：你的起心動念是什麼？真正成功的創業，通常源於更深層的動機——它可能是一個你無比執著的想法、一份自我實現的渴望，或是單純做這件事時感到滿足與開心。這種動機超越了金錢，因為即使不賺錢，你仍然願意投入其中。那些真正成功的人，初期往往並不計較賺多少錢，而是專注於自己能帶來什麼改變、創造什麼價值。當你的動機純粹且專注，全世界似乎都會來幫你。

有人曾問我：「工作讓你獲得的最大成就感是什麼？」

我脫口而出三個字：「選擇權。」

一路努力走來，最讓我珍惜的，就是這份自由。選擇是否參加某個場合、說想說的話、做想做的事，不必看人臉色、不用勉強自己討好誰，也不需要為了妥協而委屈自己。這種選擇權，是創業帶給我的最大禮物。

所以，如果你正在考慮創業，記得它並不是一條更好的路，而只是一條不同的路。只有當你做一件真心想做的事，並全心投入其中時，創業才可能帶來你想要的成就與滿足。

凡事別預設立場

在職場或生活中，單只靠別人的嘴巴和自己的耳朵來認識一個人，說實話，這樣有點笨。很容易讓我們先入為主，還沒真正接觸對方，就急著給他貼上標籤，反而失去真正瞭解一個人的機會。我自己也曾被誤解過，那種感覺真的很不好，誰會希望自己被幾句話就定了型？曾有一個經驗，不只一位朋友提醒我某位品牌客戶很難搞，說他挑剔、苛刻，甚至還暗示他有些道德問題，導致很多人都敬而遠之。換作一般人，可能早就放棄找他合作了，但我想，這只是別人的經驗，未必就是我的；於是，我還是決定親自去見見這位客戶。幾次接觸下來，我發現，他對細節的嚴謹其實是源於對產品的高標準，並不是故意為難別人。而且，嫌貨才是買貨人，他的直率有時候的確會讓人不舒服，但並非出於惡意，最後，我們的合作不但順利，他的高要求甚至幫助我們發現產品的一些盲點，進而進行改善。

有一次，一位在媒體廣告公司工作多年的老朋友來找我，當時他正準備創業。他語帶羨慕地問我：「Jason哥，你怎麼每次都能在最好的時機，做出對的選擇？」他提到我當年加入TVBS時，正逢唱片業的黃金時期；後來台灣網路逐漸興起，我剛好創業，投入網路廣告；再到二〇一二年智慧型手機普及時，我又引進日本上市公司的投資，跨足行動廣告。他覺得這些選擇好像都是我精準預判的結果。聽完他的話，我笑著說：「哪有可能那麼神！我也做過很多錯誤的決定啊，只是大家往往只記得那些看起來成功的部分，不是嗎？」

還有人曾經對我說：「Jason哥，你創業成功，還願意回學校學習，這態度真的很不容易，就像一杯裝滿的水，還願意倒出一些，才能裝新的。」聽到這番話，我忍不住笑了，回他：「謝謝你的誇獎，但其實我的杯子從來就沒滿過，所以也不用特地倒掉。」

坦白說，我很感激自己的運氣，但同時也必須承認，我天生或後天養成了一個「不預設立場」的習慣。這對我來說很重要，因為我一直覺得自己學歷不高、懂得不多，也正因如此，我不會自以為是，更不會一開始就用自己的想法去否定別人的觀點。與其說是開放，不如說是因為我知道自己懂的本來就比較少，如果做這件事對我來說 nothing to lose，為什麼不試試看呢？

當然，有人會問：「不預設立場的話，會不會反而讓你難以下結論，或者不知道該怎麼判斷事情？」我的答案很簡單，我的判斷標準主要有三點，首先，我會評估團隊的承載力，確認現階段的工作量是否能支持這件事的執行。接著，我會聽取團隊的意見，畢竟他們是執行者，專業往往比我強；如果有人反對，但理由沒有說服我，或者我感覺他們帶著預設立場否定，我會提出來提醒，並和他們一起再討論。最後，我會問自己一個問題：如果失敗了，我承受得了嗎？只要團隊有共識，大家都願意嘗試，我通常會選擇「做吧！」因為就算最後失敗了，我們也一定能在過程中學到很多，只要這些都想清楚，不管結果為何，我們都不會後悔。

這種不預設立場的態度，一路上為我帶來了成功，也經歷了不少失敗。有贏有輸，但我依然很開心，因為它讓我能用更寬廣的視角看事情，也讓我有了在生命中嘗試更多有趣事物的可能性。

別急著幫自己寫結局

早期在經營傑思家族頻道業務時，我注意到當時台灣知名的線上交友平台「愛情公寓」正準備進入市場銷售廣告，於是我主動聯繫了共同創辦人之一的林志銘（Jamy）。然而對方卻告訴我，他們幾乎已經和另一家廣告代理商敲定合作，對方實力雄厚，手上有幾個大品牌主，只要簽下獨家代理，就能保證這些品牌的廣告會優先投放在他們的平台上。

聽到這裡，你會怎麼想？是不是覺得機會渺茫，或者覺得自己公司規模較小、資源較少而退縮？但我的直覺告訴我，不必急著預設結果，不如專注當下，拿出自己的優勢，提出真正對他們有幫助的方案。

我認真分析與對方說明：「如果你只追求穩定收入，選擇與那間公司合作確實很穩當，但這也可能讓你未來變成這幾個品牌的御用媒體，限制了愛情公寓自詡想成為有影響力的『廣告』媒體，變成只服務於這幾個品牌的『窄告』（廣告的反義詞）媒體了。如果你想成為更具影響力的媒體，應該考慮的是向市場開放。這也是我目前在推動的方向，我會全力支持你朝這個目標邁進。」

最後，他們選擇了和傑思合作，並坦言這是他們之前從來沒有想過的角度，但的確是他們想要的方向。

無論公司大小、資源多寡，或面對怎樣的情勢，都不必急著為自己或對方下結論。不管對手看起來多強大，或機會看起來多渺茫，最重要的是回到初心，專注於自己所能帶來的價值並勇敢爭取。《孫子兵法》說：「不戰而屈人之兵」是最高明的策略。對手未必真的無法抗衡，很多時候是我們先預設了對方的優勢，反而讓自己失了信心，放棄了原本可以抓住的機會。

若再深入探究，真正限制我們的，往往不是對方的實力，而是自己心裡那些不必要的假設和先入為主的判斷。給自己留些空白，過早的標籤往往在無形中限制了我們的行動力和夢想。創業之初，雖然我公司的資本額只有十五萬，自己學歷也不高，但誰說這樣的起點不能成就一番事業？也許正是這種不急著給自己下定義的心態，讓我一步步走到了今天。

談到未來，別急著給劇本寫結局。未來就像平行宇宙，充滿無數可能。每個平行宇宙都有不同的自己在演繹新的故事，誰知道哪個會大賣座呢？

選擇往往比努力更重要

年輕時，我總以為，只要拚盡全力，就能決定一切成敗。但隨著經驗的累積，我慢慢發現，努力固然重要，但更關鍵的是「選擇」。如果方向錯了，努力再多也可能是在原地打轉，甚至開倒車。

剛創業時，我每天熱血沸騰，不分晝夜地工作，心想只要足夠拚命，成功自然會來。但隨著公司逐漸壯大，我發現，有很多人比我更努力，卻未必得到相對應的回報。這讓我開始反思：為什麼有些人的努力有成效，而有些人卻始終停滯不前？

LINE剛進入台灣市場時，它還只是一個簡單的通訊軟體，但我看好它的發展潛力，特別是對比當時在中國市場已經實現商業化的微信App。我選擇將資源投入與LINE的合作中。隨著它的服務逐步多元化，成為台灣最大的通訊平台，我們也因此成為LINE在台灣最大的廣告經銷商。這樣的選擇，讓公司的業務邁上了一個新台階。

當然，我也不是每次都能做出正確的決定。比如，我也曾信心滿滿地做出了錯誤的投資，過程中其實已經隱約覺得不對勁，但我卻沒有好好停下來看清楚、釐清問題，只是悶著頭讓事情繼續下去，就這樣拖了幾年，結果到最後，不僅遭遇了金錢的損失，還浪費了團隊寶貴的時間和精力。這些失敗教會我，努力固然重要，但如果方向錯了，所有的付出都可能成為不必要的代價。

我常看到很多年輕人埋頭苦幹，卻很少停下來思考自己的方向。結果，越努力，可能離目標反而越遠。我想提醒他們，不要只是盲目衝刺，偶爾停下來問問自己：現在的方向對嗎？這個選擇值得嗎？如果覺得哪裡怪怪的，就要停下來好好檢視，鼓起勇氣按下暫停鍵，適時止損，甚至做出調整或斷捨離，往往比悶著頭硬幹更明智。衝出去需要勇氣，而懂得適時踩煞車，更需要清醒的判斷和魄力。

我體悟到一件事：選擇比努力更具挑戰，因為它需要眼光、判斷，有時甚至需要冒險。選擇，真的很重要。有意識地記住這一點，努力才會真正帶來價值。

一個人從未犯錯，是因為他不曾試過新的事物

我們有次準備爭取一個大客戶。客戶正處於轉型期，希望我們的提案能突破傳統行銷框架，融入一些創新想法，展現品牌重塑的可能性。這對我們來說是一場硬仗，不僅需要團隊發揮專業，還得跳出慣性思維，探索新的方向。

整個提案準備過程中，大家非常拚命，但成果始終不如預期。我對團隊說：目標當然是拿下案子，但更重要的是藉這次機會好好練兵。嘗試新的東西一定會犯錯，但只要我們不斷學習和調整，結果一定會越來越好。

結果呢？我們失敗了！客戶把案子交給另一家公司，但對我們的努力給予了高度評價，甚至表示我們的表現已經很接近他們的期待。這一點點的肯定，對我

來說已經是團隊的一大進步，也讓大家對未來接觸更高難度的案子更有信心。

類似的經驗也發生在投資上。我曾滿懷信心投資過一家被寄予厚望的公司，但最後血本無歸；也曾投資過一間看起來很低調的小公司，結果幾年後卻出乎意料地大放異彩。總的來看，有盈有虧，從財務結果來說，好像只是打平。表面上看起來，這和那些從不投資、不嘗試新事物的人差不多，但實際上截然不同，穩穩當當雖然少了風險，但也少了過程中的寶貴學習。而我，即使看似瞎忙了一大圈，但在這些過程中，學到了東西，累積了眼界，提升了判斷力，這些收穫遠遠超過盈虧數字。

所以，我一直相信，犯錯並不可怕，特別是年輕的時候，因為那時候你的人生成本最低，輸得起，重要的是從錯誤中學到東西，不要一再犯同樣的錯。這些經歷累積的養分，會讓你在人生成本逐漸提高時，少走更多彎路。只要敢嘗試，人生就會充滿更多可能性。

利用累積提升創新成功率

「創新」和「新創」這兩個詞，乍看相似，其實不盡相同。創新是基於已有的實力和基礎，把原本的優勢重新整合，做出一些新的突破，所以成功率通常比較高；而新創則是從零開始，充滿了不確定性，成功的機會相對較低。兩者我都支持，但我更傾向於創新，因為它建立在過去的累積上，更有可能提高成功的機率。

成功經驗是最好的發展基礎

我一直鼓勵同仁們以累積的方式做事，這包含兩個層面，第一是我們自己的經驗和 know-how，這些累積的資源不該浪費。如果在開展新項目時能複製過去成功的模式，不僅可以降低成本，還能提高成功的機率。創新成本通常比較高，但如果能在已知基礎上發展，就能分攤成本壓力。第二是善用外界已經成功的經驗，像TikTok證明了短影音的流量優勢，許多品牌迅速跟進投入，效果顯著。同樣，IG的Reels功能套用短影音模式，也在全球取得成功。這些例子顯示，運用已驗證的模式，的確可以更快、更有效地取得成果。

我常跟同仁說，沒必要刻意選擇艱難的路，也不需要把吃苦當成美德。如果有更高效的方式，我一定會選擇直接採用，少走彎路。這就是我所說的「複製貼上」。

圓規理論：定錨穩了，人生就圓了

「圓規理論」是我自己想到的一個概念，覺得很有趣，所以想和大家分享。

達成一個終極目標，就像用圓規畫一個完整的圓。要畫得又圓又穩，就得有一個固定的支點。如果支點改來改去，畫出來的圓就會歪七扭八，甚至畫不成一個閉合的圓。對傑思・愛德威來說，我們的支點就是「為品牌廣告主提供全方位解決方案」。從創業初期的三個人，到現在的百人團隊，公司始終圍繞這個核心目標，穩紮穩打地拓展業務，把圓畫得越來越大，也越來越穩。

這個理論也適用於每個人。支點可以是任何你堅持的目標，但它必須穩定，如果今天想當作家，明天又想當畫家，支點老是換來換去，軌跡自然斷斷續續，最後恐怕什麼也做不成。當然，有時候想換支點也無可厚非，但如果心中有一個真正的終極目標，那支點就需要穩穩固定下來。一旦確定支點，就應該專注投入，不輕易動搖。

我為五十歲後的自己定下的支點，是過一種從容的生活。不想被時間追著跑，也不想總是急急忙忙，顧此失彼，我希望無論是時間、金錢、健康和關係，都能達到平衡，讓生活更有餘裕。為了這個目標，我開始把更多時間留給家人和自己，注重健康，調整作息，讓早睡早起成為習慣。以前財務都交給理專打理，現在我親自接手，更清楚每一筆投資的方向，真正掌握自己的資源。這些改變，讓生活一步步更接近我心中的從容，有餘裕，有底氣，也更加踏實。

找到屬於你的支點，專注地畫下去。當你回頭看時，或許這個圓，正是你想要的圓滿也說不定呢！

持續累積的複利效應

前陣子，我在公司每週一的大會上和同仁們分享了一個感觸，投資界常說「複利就像原子彈。」這些年，我專注在網路媒體，踏實地經營本業。隨著時間過去，越來越多人瞭解我的處事方式和為人，累積起來的人脈和信任逐漸展現出意想不到的效果。現在，只要我有什麼想做的事，夥伴們常常會主動找上門來；就算是我主動出擊，也更容易抓住機會。

就拿我做 Podcast 來說，剛開始只是想輕鬆試試，沒想到節目已經做了快四年多，到現在不僅被越來越多人認識，還成了一個讓人彼此連結的平台。有朋友因為聽到節目中某位來賓的分享，發現彼此有合作的可能；也有人對我分享的經歷或想法產生共鳴，找到新的機會或靈感；這些都不是我刻意去經營的結果，而是長期累積的信任與影響力，讓節目自然促成更多的可能性和共好。

我常提醒同仁，做每件事之前都可以先問自己：「這件事能為我累積什麼？」是收入、經驗，還是內心的成長？是外在的成就和掌聲，還是內心的價值和滿足感？搞清楚自己的動機很重要，因為只有知道自己真正追求的是什麼，才能更有方向感地前進。當你在專業上不斷提升，內心也穩定成長時，你會發現生活變得更輕鬆，人生也越來越從容。

人脈網絡不用汲汲營營

有一次我參加了一場電商圈的尾牙，現場規模盛大，數百人齊聚一堂。當第一位來賓致詞結束後，主辦人突然邀請我也上台說幾句話，這讓我感到既驚訝又受寵若驚。然而，在介紹我的時候，他特別提到：「當初如果沒有Jason哥的幫忙，就沒有今天的我。」

舉手之勞，緣分自來

聽完這番話，我心裡想：「有這麼誇張嗎？」其實我並不記得當時特別幫了他什麼。或許他剛創業時，我只是介紹了幾個品牌客戶給他。但這應該跟我的性格有關，我平時就喜歡幫人牽線，介紹完之後也就忘了。

比方說，朋友問我認不認識某公司的高層或某類型的廠商，如果剛好有認識的人，我就直接打通電話，或者拉個群組把雙方連結起來，然後自己默默退場。後來偶爾在某些場合遇到對方，對方向我道謝，說我當時的幫忙促成了很棒的合作。這種時候我才會發現，原來那些舉手之勞真的幫上了忙，心裡也特別高興。

這三十年來，我可能比較幸運吧，不論是在電視、唱片、廣告行銷還是網路新創圈，這些工作都需要大量與人互動，和人打交道，自然也就和很多人建立了連結。後來我又去政大企家班和台大EMBA進修後，朋友圈也隨之擴大了。

我鼓勵年輕人多參加各種團體，認識不同的人，擴展人脈。不過，要找到適合自己的團體，一開始可能不太容易；像產業協會通常是針對公司法人，商會則有特定的會員標準，對年輕人來說，加入的門檻可能比較高。我的建議是，可以從自己的產業或興趣出發，甚至從線上社群開始。例如，如果你從事網路廣告或行銷，可以先關注相關的社群帳號或粉絲團，參加他們舉辦的線上活動，或者報名實體的課程和論壇。在這些場合，不僅能學到東西，也有機會認識同行或志同道合的人，慢慢擴展自己的圈子，找到真正適合自己的團體和機會。

曾有年輕朋友問我，怎麼經營人脈？我的回答很簡單：先把自己的工作做好，專注精進本業和能力，這才是最重要的。如果人脈只靠吃吃喝喝來建立，就算你的圈子再大、認識的人資源再多，別人找你，頂多也還是吃吃喝喝，談不了正經事。相反，只要專注提升自己的實力，保持適當的人際關係，機會自然會找上門。

尊重自己的個性同樣重要。如果你本來就不愛交際，那每次參加聚會前，都要問問自己：為什麼要去？如果沒有清楚的動機，強迫自己參加，只會讓你在場合中感到很疲憊，也無法發揮自己的優點。這些都沒有好壞，重要的是要瞭解自己是一個什麼樣的人，做符合本心的選擇。

人脈往往是越刻意去抓，越抓不住。對每個人，不論對方的身分地位，都要一視同仁，不要大小眼。懂得感恩，不自以為是，當別人需要幫助時，如果能力所及，就盡力幫忙，不需要求回報，也不用刻意維繫什麼。這樣的態度，自然會為你帶來好人緣。

年輕時，我很在意別人的眼光，希望自己是個大家都喜歡的人，總覺得朋友之間要常見面才能維繫感情，於是花了很多時間參加各種活動和聚會；再加上我有點濫好人的性格，總想事事周到，怕冷落了誰，在活動上有時明明已經很累了，還是不好意思提前離開，硬撐著待到最後。隨著年齡增長，特別是年過五十後，我越來越體會到「君子之交淡如水」的道理。真正的朋友，不需要頻繁見面來維持關係。那份親近來自彼此內心的信任和理解，而不是靠形式或見面的次數堆積出來的。

人脈是一輩子的事，不能只看眼前的利益得失。只要踏實做好自己的事，真誠地對待每一個人，值得珍惜的關係自然會留在你身邊。

有一次，媒體採訪我，問起擔任DMA數位行銷協會理事長的這幾年對我有什麼好處。我笑著說：「從結果來看，當然是有幫助的。」至少讓業界更多人認識我的公司。然而，我始終相信，每個人都是聰明人，如果我只是為了個人利益刻意去擔任這個職位，反而適得其反。

創業二十年來，我參加了不少公協會，也擔任過理事長等角色，這些協會中的成員有很多是網站媒體、媒體採購公司等，而傑思・愛德威做為廣告代理商，自然有機會透過這些關係幫公司爭取廣告預算，但我可以很自豪的說：我從未這樣做過。

有時也有朋友想要幫我牽線，然而，當我認為這些案子不符合我們的專長時，我寧願把機會介紹給更適合的公司。畢竟，靠人情做生意，只能做一次，如果是自己公司的產品不夠好，就算用再多的人情也絕對不會有好成績。我寧可把心力放在提升自己的實力，別人看到自然會想主動合作。這也是為什麼創業這麼多年，即便我和許多廣告客戶或媒體代理商認識，關係再熟，也從來不曾為了業續打過任何一通電話請朋友幫忙。這是我尊重自己、也是避免造成朋友困擾的基本態度。

我始終相信，一個有想法的人，理當「有所為，有所不為」。堅守自己的價值觀，才能獲得別人的尊重。對我來說，人脈不是拿來賺錢的，而是一種相互支持的連結，讓彼此在需要時能提供幫助，共同前進。

關於社群媒體：
FB、IG的正確打開方式

FB剛興起時，因為我身處數位行銷產業，又擔任數位行銷協會（DMA）理事長，很快就成為少數拿到藍勾勾認證（代表帳號已驗證是真實的公眾人物或品牌）的人之一。那時候，我有點得意。年輕的我，喜歡把生活中的大小事都放上社群，享受被看見的感覺。隨著時間過去，我經歷了不少事，對FB和IG之類社群平台的看法也逐漸改變了。記得創業初期，我分享出差兼旅遊的照片，結果聽到同仁私下議論，說他們忙得不可開交，而老闆卻在國外度假；我分享新買的車，只是單純覺得開心，但也有人說我在炫富。起初，這些話會讓我心情不好，但後來我才明白，這就是社群媒體的日常：每個你選擇分享的內容，可能都會引發不同的解讀，而真正需要調整的，其實是自己的心態。與其因為別人的評論或誤解煩惱，不如回到自己的初心，想清楚自己為什麼使用社群媒體。只要定位清楚，心態調整好，就能好好使用社群平台，而不是被它牽著走。

分享生活，不被分享牽絆

對我來說，社群媒體是一個很棒的平台，讓我可以輕鬆保持和大家的聯繫。即使不常見面，透過分享也能讓朋友們知道彼此的近況。我堅持幾個原則：不傳播負面情緒、不過度炫耀，還有輕鬆分享，別太過認真。

我覺得社群平台的核心精神就是輕鬆分享生活。我選擇只分享正面的內容，並不是虛偽或刻意隱藏，而是因為這是公開的園地，所有朋友都能看到這些內容，不論他們當時是否願意，或許某位朋友正經歷低潮，沒必要讓他受到我的負面情緒影響。所以不開心的事，我更傾向私下和朋友聊，而在社群媒體平台分享讓人愉快的事情。我也很喜歡FB的一個設計，就是只能按「讚」，沒有「不讚」或「爛」，這讓整個氛圍更正向。

有一次我在臉書上寫道：「四十歲之前，很辛苦也沒來由的在意所有的人；四十歲之後，我只在意自己在意的人，以及在意在意自己的人。」

每個人都想讓別人看到自己美好的一面，這很正常。但社群平台是一把雙面刃，如果過於在意別人的反應，反而會讓分享失去本來的樂趣。你在FB與IG上看到的僅僅是對方選擇想讓你看到的部分，每個人都有不同的面向，生活中的經歷也千差萬別，就算和家人相處數十年，也未必能完全瞭解彼此，更何況是透過網路上看到的零碎片段，所以，我從不會依靠社群媒體上的片段來評斷一個人，更多的是把它當作人與人連結的一種方式，輕鬆看待就好。

放飛同仁，是一種成就

在公司裡，同仁的來來去去是再正常不過的事。就像候鳥，時間到了，他們會飛走，但有一天也可能會飛回來。記得十幾年前，有一位同仁剛從大學畢業，透過朋友介紹來到傑思。我們一起努力了好幾年，她的表現一直很出色。不過，小女孩總會長大。有一天，她神情猶豫地來找我，輕聲說：「老大，我想離職，想去外面闖一闖。」聽到這句話，心裡難免有點捨不得，畢竟一起共事這麼久，但我還是問她：「妳有特別想去的地方嗎？」

她點了點頭，坦誠地說：「有一家我很想去的廣告公司，那裡的機會和挑戰都很吸引我，但他們現在還沒有空缺，我只能等機會。」聽到她的回答，我能理解她的心情，雖然捨不得，但也明白她心裡已經有了方向。

面對資深員工的辭意，順應緣分不強求

隨即我想到了一件事，既然她一定要走，那我何不在能力範圍內推她一把呢？於是當她一離開辦公室，我立刻拿起電話撥給那家廣告公司的媒體總監。雖然我和那位總監在數位行銷協會就認識，但做為當時的理事長，我很少打電話去麻煩人。他接到電話也有些驚訝：「理事長，您怎麼會打電話過來？」

我笑著寒暄幾句後說：「其實我有個資深員工要離職，本來捨不得她走，結果沒想到她想去你那裡。我知道你們現在沒有職缺，但還是想問問有沒有機會。」接著我簡單向他介紹了這個同仁的背景，並強調她在公司的出色表現。

對方聽後說：「其實三個月後我們有個職位空缺，如果她願意等，我們很樂意考慮她。」

聽到這消息我很開心，馬上把她叫回來，告訴她：「我剛打電話幫妳問了，三個月後那家公司會有一個空缺，如果妳願意等，那個職位很可能就是妳的了。」我的話才說完，她的臉上露出驚訝又感動的神情，眼眶泛起淚光。顯然她完全沒想到會有這樣的結果。

她哽咽著，還帶點俏皮地說：「老大，那我可以再多留三個月嗎？」

「當然好啊！」我笑著答應她。「把手邊的工作交接好，這樣不是更好嗎？真是求之不得。」

三個月後，她圓滿完成了所有交接工作，然後啟程飛往她的新舞台。

我一直很喜歡一句從廣告界前輩那裡學到的日文成語：「一期一會」，意思是：每一場相遇都是唯一的機會，要珍惜當下，全心投入，避免遺憾。這麼多年來，面對同仁的來來去去，有些人在這裡磨練後，翱翔到另一片天地，有人歷經風雨後再度飛回身邊共事。能夠陪伴他們在這裡成長，追逐夢想，並在分別時彼此真心祝福，我覺得，這就是一種莫大的成就。

我是濫好人老闆嗎？

經營公司時，保持決策的一致性很重要。清楚的目標和方向，能幫團隊找到前進的路，也能避免在短期挑戰下輕易改變策略。但如果不得不調整，身為老闆，最重要的就是坦誠溝通，讓團隊瞭解每個決定背後的原因。

另外，遵守既定的流程和制度同樣重要。一旦規則被隨意更改，員工可能會感到困惑，甚至開始對公司的方向失去信心。過去，尤其是在公司逐漸擴展的那幾年，因為組織還不夠成熟，加上我自己也缺乏管理經驗，面對公司內部接二連三的問題，我總是抱著息事寧人的心態，事事想做到圓滿，避免讓同仁不開心；但這樣的做法，結果反而讓事情越弄越亂。這些狀況逼得我不得不開始反思自己的管理方式，認真檢討問題，並下決心做出改變。

忽視與姑息就像放縱星星之火

過去在公司做決策時，我總是出於對同仁的體諒，看到他們執行過程中遇到困難，就會主動幫忙減輕壓力，甚至直接改變原定的方案。久而久之，專案的進展並不一定因此順利，但我卻意外被貼上了「老闆常常朝令夕改」的標籤。

第一次聽到這種評價時，我心裡感到很委屈，明明是為了大家著想，怎麼反而被誤解成一個隨便的老闆？後來，我靜下心來好好反思，才大致解開了這個「朝令夕改」的謎團。

找回去脈絡化的真相

當時的情況大概是這樣的：我希望底下的一位主管能承擔更多責任，但每當事情發生時，我還是會忍不住插手，原因是因為他很少提出解決方案，有時是因為情勢緊急，我覺得自己處理會更快。通常，我會說：「我們可以這樣做。」接著再補上一句：「你覺得呢？」我原以為這樣算不上獨斷，還期待對方能有反饋和討論。然而，每次他只會點頭說：「好，那就這樣做吧。」表面上他聽老闆的話似乎很正常，實際上卻不帶一點自主思考。這真的是他內心認同的做法嗎？有時候我也懷疑，也許他並不認同，只是沒有表達；也許他自己也不確定這樣做是否正確，所以無所謂；又或者他本來就沒有主意，老闆提了個方法，為何不接受呢？

這種互動慢慢成了習慣。再遇到問題時，他不會先主動思考，而是直接帶著問題來找我，我則給出答案讓他去執行。下一次有新問題，他又照樣來找我，而我則從A方案改到B，再到C……久而久之，我發現這樣的過程可能在員工之間直接被簡化為：「老闆一會兒說A方案，後來又改成B，現在又變成C。」對他們來說，我好像總是在頻繁改變主意。而實際上，這些調整的原因是因為主管並沒有主動承擔解決問題的責任，而我也默許了這種依賴，最終大家以為所有的決策都是我在一手主導，且不斷調整方向。

教不嚴，師之惰

問題的根源，其實還是在我自己。當這位主管一再遇到相同問題時，我應該早就要意識到，他可能不具備擔任主管的能力。那時候，我應該果斷收回授權，或是重新安排他到更適合的職位。但我真的完全沒察覺嗎？還是選擇了姑息？

回想起來，我不得不承認，自己在管理上有些過於鄉愿。為了避免衝突、過度體諒同仁，許多問題我都沒有及時處理；看到大家每天這麼努力工作，心裡總想著「沒功勞也有苦勞」，所以不忍心嚴苛要求。但現在想來，這種過度的同理心其實是一種逃避，甚至帶點懦弱，我擔心對同仁要求太高會影響士氣，但這種放任態度反而讓問題越積越多。

創業初期，傑思是個小公司，員工不多，我們的業務導向很明顯，只要誰的業績好，誰就很自然地被提拔成主管。然而，我忽略了一個關鍵——主管不僅需要業務能力，還要有管理、規劃、溝通協調和分析問題的能力。這樣不成熟的提拔方式，成了後來許多問題的根本原因。當我意識到這點時，也明白了單靠業績選主管是不夠的，如果自己無法給予他們足夠的支持，就該開始尋找真正適合的管理人才。

這次經驗讓我深刻體會到，選錯主管的代價有多大，不僅拖累團隊效率，還可能帶來巨大的隱性成本，一個無法帶領團隊的主管，每年造成的損失可能高達數百萬。為了避免再犯這樣的錯誤，我決定每年投入預算，邀請專業講師為公司設計內部訓練，幫助各部門主管提升職場心態、問題解決能力，以及領導與決策技巧。從長遠來看，這樣的投資不僅值得，還為公司未來的穩定發展打下堅實基礎。

授權與目標：從拆解中找到方向

過去，我常常過度介入下屬的決策，原本是想幫忙解決問題，卻不知不覺讓他們漸漸失去了自主思考的能力。後來我才意識到，身為領導者，最重要的不是替他們做計劃，而是讓團隊明白，解決問題的責任在他們自己手上，而不是每次都依賴我來安排。這需要找到授權和負責的平衡。主管應該主動提出幾個方案，和我一起討論利弊，而我則負責拍板定案並承擔風險。這不僅能讓團隊學會獨立思考，也能培養他們承擔工作的主動性，避免彼此推卸問題。當每個人都清楚自己的角色和責任，工作自然會更順暢。

我知道自己是一個偏感性、直覺導向的人。這樣的性格既有優點也有缺點。優點是我充滿熱情，看到新機會時，能迅速找到動力，甚至帶動身邊的人一起投入。但缺點是，有時太感性，容易讓情緒或直覺主導判斷，忽略了全面思考。

在公司還小的時候，團隊裡大多是和我一樣的熱血青年。每次覺得有很不錯的新點子或機會，只要覺得可行，大家就立刻去做，先做了再說，但因為缺乏經驗和全盤規劃，常常做到一半才發現方向跑偏，或者執行內容和目標脫節，浪費了不少力氣。那時候的我們還在探索階段，試著做，錯了改，跌跌撞撞地前進。

隨著公司規模逐漸擴大，我發現這種「想到就做」的方式已經不適用了。規模變大後，決策需要更全面、更謹慎，主管們的能力隨著經驗提升，我自己也必須逼自己學習更理性的思維。

現在，每當我冒出一個很心動的想法，我學會了先問自己兩個簡單的問題：「我為什麼這麼想做這件事？」、「這麼做真的有道理，還是我只是被過去的經驗或當下的情緒影響？」這樣的自我檢視，讓我能靜下心來認真思考每個細節，釐清自己的思路。即使一開始是被感覺和熱情驅動，我也能很快回到現實，與大家一起確認目標、掌握資源，並制定落實的方法。這樣一來，團隊每一步都能聚焦在真正重要的事情上，讓討論更有根據更高效，避免空談或無謂的發散。

感性帶來熱情，理性提供指引，兩者平衡，才能讓團隊更有活力又專注地向前邁進。

管理的六字箴言：成熟的成年人

我曾在政大企家班的課堂上，聽前台積電人資長李瑞華老師提到一句話：「找主管，一定要找『成熟的成年人』。」這句話讓我重新檢視自己的管理方式，並開始思考，什麼樣的特質才是好主管應該具備的。

所謂的「成熟成年人」，就是能展現積極態度，並敢於承擔責任的人。他們遇到問題時會主動尋求解決方法，而不是一味拖延或逃避；他們也懂得坦誠與老闆溝通，直接表達自己的看法，而不會將問題或想法悶在心裡不說。同時，他們還擅長激勵團隊，帶著大家一起進步，而不是只顧著自己表現得多亮眼。

帶隊，不是獨秀

創業這麼多年，我遇過不少業務能力很強的人。其中有一位主管，業績每次都名列前茅，從數字來看，他的確是個業務高手。但隨著時間觀察久了，我發現了一些問題：他的組員們每天都忙得不可開交，但大多數時間不是在幫他跑腿，就是在處理一些細碎的雜事，整個團隊幾乎變成了他的業務助理。而且，他似乎只關心自己組內的成果，對於公司其他部門和大家的整體進展並不在意，總是優先顧著自己的小團隊。

這樣的帶隊方式，短期來看確實很有成效——團隊業績漂亮、獎金也豐厚，組員們看似都有所收穫。但實際上，沒有人從這段經歷中真正學到什麼，大家的能力也沒有提升。當他們被瑣事耗盡了所有的時間和精力，根本沒有辦法去發展真正的業務能力或建立自己的客戶資源。

看到這個情況，我心裡有些遺憾。因為一個好的主管，除了要帶出成績，更要能夠帶出人才。成熟的主管，不應該只是關注自己的成績單，而是幫助組員成長，讓大家都能從工作中學習提升。

態度積極，責任感十足

幾年前，我正在為公司尋找一位業務主管，過程中注意到一位業界的優秀人選Elynn，她的責任心和態度讓我印象深刻。有一次，她打電話給我，問我是否認識某家公司的人，因為她那時候所在的公司有一筆為數不小的廣告款項可能被倒帳。她積極想方設法，希望能把這筆帳追回來。儘管我們當時並不算熟識，她想到我人脈較廣，或許能幫上忙，於是找我協助。這件事情讓我對她的積極以及負責任的態度印象深刻。

一段時間後，當我提出邀請，請她加入傑思．愛德威時，她也坦率地告訴我，雖然有離職的打算，但她堅持要先把這件事處理好，才會考慮新的機會，並給自己設了一年的期限。她的回覆態度非常明確，做事又乾脆俐落，這種負責任、直率的特質讓我感受到她是個值得信賴的人，也更加確信她是我一直想找的人才。於是我決定與她保持聯繫，期待未來能夠邀請她加入我們的團隊。

後來她花了一年的時間處理完前公司的所有事情，我再次向她提出邀約，她終於決定加入傑思．愛德威。事實證明，這些年來她從業務副總、業務長，一路做到現在營運長，責任感一如既往。她用透明的溝通方式帶領團隊，也很清楚自己在團隊中的角色，總是設身處地為團隊著想，還擅長激勵同仁，帶領大家共同衝刺，在業務拓展上取得了非常亮眼的成果。現在Elynn已成為我事業中不可或缺的核心夥伴之一。

別再報喜不報憂

無論是招聘高管、尋找合作夥伴，還是接受或進行投資，這些決策本來就充滿風險。沒有人希望失敗，但也沒人能完全預測結果。成敗其實不是最重要的，關鍵在於，如果事情不如預期，我們能否搞清楚原因，知道為什麼沒成功。

如果主管不夠成熟，或者合作夥伴不夠坦誠，事情通常會變得更複雜。這不僅僅是能力的問題，更多時候是個性造成的。讓我最擔心的就是那些「報喜不報憂」的同仁，有些人在遇到困難時，選擇把問題藏起來，每次彙報進度，只談好消息，避重就輕；結果就是，管理團隊根本不瞭解真實情況。

這樣的情況通常會有兩種後果：一種是，當事人自己根本沒意識到「其實問題很大」，因為他從來沒有和團隊坦白，沒人能給建議，他就一路錯下去；另一種是，他其實知道自己卡住了，但礙於面子不願開口，只能自己悶頭解決；結果問題越拖越大，到最後事情一團糟，想幫忙都來不及。

做生意本來就不可能永遠順風順水，這個過程不在於避免所有風險，而在於是否全力以赴。如果結果不理想，我會問自己：真的盡全力了嗎？我很喜歡一句話：「自在中全力以赴，全力以赴之後一切自在。」但如果過程中沒有盡全力，那事情出了差錯，就不應該自在，也不能輕易釋懷。

有些人可能覺得自己已經在職責範圍內做到最好了，但這不是自己說了算，因為工作是在團隊中完成的，還涉及合作夥伴和投資人，真正的全力以赴，不僅是把自己的事情做好，還包括在遇到困難時主動表達，讓大家知道情況。在透明的環境下，集中資源一起解決問題，這才叫真正的全力以赴。

現在是「打群架」的時代，遇到問題時，別只靠自己單打獨鬥，主動找資源、找幫手，大家一起想辦法，才是最有效率的做法。如果只是礙於面子、不願放下身段，或者因為太自負不願求助，最後往往會事倍功半，不僅自己辛苦，連合作夥伴也跟著受影響。

因此，在選擇合作夥伴或主管時，我不只看能力，更看個性。我希望對方是那種願意把話說清楚、有話直說的人。只有坦誠交流，才能避免彼此猜來猜去，把精力用在解決問題上，讓事情更快推進。和這樣的夥伴共事，才能發揮最好的團隊力量，走得更穩更遠。

Chapter

04

未來新的自己

有些事情，是沉澱累積後才懂，是發生後才珍惜，但現在開始都為時不晚，只要成為進行式都將能成就未來。

制度與溫度兼具的魅力領導

「各位，你們要記住，如果遇到濫好人主管或老闆，最好趕快走，除非你也想擺爛。如果你是真心想做點事情的人，這樣的老闆對你可能沒有幫助，因為他只會拖住你。」我在會議中對同仁們這樣說。

之所以這麼講，是因為我大概做了將近十五年的濫好人老闆，直到近幾年才真正摸索出用自己的方式，帶領公司和團隊前進。

學習管理，不如找到對的人來管理

二十年前，我離開電視台，當時只覺得身為一個男人，應該具備些領導能力，沒想到這股想法最終把我推向了創業的道路。從業務員突然變成一家小公司的負責人，我既沒有管理經驗，也沒受過任何正式的管理培訓。創業初期，全靠自己的直覺和個性摸石頭過河，直到多年後去念了 EMBA 才對管理更有概念，但那已經是創業二十年後的事了。

以前當公司業績好的時候，管理上的問題似乎沒那麼明顯，就像俗話說的豬在風口上都會飛；然而，隨著公司規模逐漸擴大，管理的挑戰接踵而至，流程和規範開始模糊，各種問題也一一浮現。

當時，我一心強調授權，給同仁們充分發揮的空間，看起來像是個挺貼心的老闆，但實際上那時的我並不懂得如何真正授權。我信任人的依據只是憑感覺——覺得某人看起來順眼，就選擇信任；說是用人不疑，其實是用人不明，即使有問題也沒深入探討。

直到某次聽到一句話：「主管應該是『成熟的成年人』。」我才開始反思自己過去的作法。這句話點醒了我，原來我之前的信任其實很盲目，沒有依據，也不負責任。於是我開始依據這個原則重新審視公司的核心成員，找到現在的營運長，從此公司管理漸漸走上正軌，營運和業績也越來越穩定與高效。

這一路走來的經驗讓我更明白，真正的領導不是只講溫度，更要有制度，這樣才能給團隊帶來更好的發展空間。

把話說透，把愛給夠

一位智慧導師曾經說過一句話，幫助我們更深層的覺察內在：「沒有愛的覺知，容易變得殘忍；沒有覺知的愛，容易變得濫情。愛與覺知，兩者缺一不可。」應用在管理上，我領悟到的心法就是「把話說透，把愛給夠」。

如果只把話說透，卻少了包容的愛，員工可能會無法承受壓力而選擇離開；但如果只給愛，不敢點出問題，怕傷害他們的自尊，最終還是可能走向不歡而散。

過去，我一直覺得自己對員工充滿了關愛和溫度，但後來才發現，那真的是愛嗎？明知道某位同仁在工作上有問題，卻總是不敢直接指出，總怕他們誤解我不喜歡他們。這種過度顧慮反而拖延了解決問題的時機，等到問題浮上檯面，往往已經失去控制，甚至不得不究責。

有一天，我跟一位前輩聊起這個困擾。他聽完之後，很直接地告訴我：「過於仁慈的人不能帶兵，太重感情的人不能做成大事。」這話說得輕描淡寫，但卻狠狠戳中了我痛點。他提醒我，管理上最重要的是坦誠。該說的話，應該在第一時間說出來，讓大家都清楚目標和問題，才不會等到最後，反而讓彼此更難受。

這讓我領悟了兩件事：第一，創業者如果不擅長管理，就應該找一位成熟的人來協助。第二，學會「把話說透」，如此雖然同仁會痛一下，但卻能成長，這才是真愛。坦誠指出問題，提出改進空間，是無法逃避的過程，而在這過程中把愛給夠，既保持公司的溫度，又能讓團隊進步。

坦白說，我也是最近才體會到檢討的重要性。過去只要業務順利，很多小問題我們都沒當回事，總覺得結果好就行了，誰會去細究過程，但後來才發現，檢討不是為了批評誰，而是大家一起找出哪些做得好、哪些可以改進，這樣下次才能更進步。無論案子成敗，每個重要項目都該檢討一番，這樣才能找到每個問題的癥結，避免再犯同樣的錯誤。這就是我理解的管理之道：該說的說清楚，該支持的支持到位，既坦誠相待，又不失溫情。

制度優先，溫度隨後附上

過去，我的管理風格偏向溫度優先。我總認為「帶人要帶心」照顧同仁的情緒是最重要的事。這種方式確實讓公司氛圍很好，同仁也覺得我是個好老闆。但隨著公司規模擴大，我逐漸發現，事情並不那麼簡單。

有一次，一位同仁在處理客戶廣告案時，因為流程疏忽導致預算浪費，甚至差點失去大客戶。當時我沒有追究細節，認為制度可以稍後再補充完善；但這也讓我意識到，沒有完善的制度，即使再多的關懷，也無法填補公司管理上的漏洞。

隨著這幾年制度逐漸建立，越來越多人才的加入，公司變得更有條理，團隊氛圍也更加成熟。同仁們也養成了自律的工作態度，這樣的變化讓我感到欣慰。

有一天早上，我靜下心來，在臉書上寫了一段話：「過去，溫度優先，制度始終緊跟不上；未來，制度優先，溫度一定隨後附上。」沒想到這句話意外引發共鳴，許多朋友都留言說：「講得真好，這句話給我用！」這正是我在公司管理中的深刻體悟。

二〇二四年春節，我決定讓大家放假十一天，這不是一時心血來潮，而是對公司業績和員工狀況的整體考量。過年期間工作效率本來就比較低，與其勉強大家來上班，不如讓他們好好休息。這次的溫度是在制度有序的基礎上給予的，而不再只是出於一時的情感。結果，春節假期結束後，大家都充滿活力地回到工作崗位，業績達成率甚至超過預期。這讓我更加相信，當制度優先，溫度適時跟上，不僅能讓公司穩步成長，也能讓每位同仁感受到真正的關懷與支持。

家有溫度，職場有尺度

溝通是生活中不可或缺的一部分，但家庭和職場是兩個完全不同的場域，溝通的重點自然也不同。如果分不清楚，常常會變成該感性的時候過於講理，該理性的時候卻一味遷就，結果兩邊都弄得不好，讓自己進退兩難。

以前和家人溝通時，我總覺得只要自己有道理，就非要爭到對方認同不可。溝通不順時，氣氛就變得很僵，結果誰都不開心。那時候的我，分不清何時該講理，何時該退一步，結果不但讓自己很累，也傷害了彼此的感情。

創業初期，我又習慣把同仁當家人。有人不開心，我耐心聽他抱怨；有人鬧脾氣，我會努力安撫；遇到同仁犯錯時，我卻不好意思指正，總是選擇妥協帶過；但這樣的做法，最後讓自己疲於應付，同仁的要求越來越多，甚至越過了界線。當時我心裡覺得委屈，但後來才明白，這並不能怪別人，而是我自己用錯了方法，才把局面搞成這樣。後來，我漸漸明白，家庭和職場的溝通核心價值是不一樣的。家庭的溝通更多是情感導向，重點在於維繫感情，而不是誰對誰錯。遇到分歧時，我會問自己：「我要當那個總是對的人，還是我要幸福？」很多時候，放下堅持，選擇和諧，反而讓家人之間的相處更輕鬆愉快。

而職場則完全不同，特別是對外溝通時，理性和目標才是關鍵。溝通的目的在於把事情推動下去，該指出錯誤時，我會坦率說明，但保持心平氣和，不帶入情緒化的討論，因為重點是解決問題，而不是顧及面子或討好對方。即使無法達成共識，我也學會尊重對方的選擇，專注於事情本身，讓溝通更高效、更聚焦。

當我學會清楚區分家庭與職場的界線後，面對不同情境時，我也變得更從容了。即使遇到不順心的事，也能很快調整自己的心態，放下糾結，讓自己保持平衡與穩定。

創業如取經：像唐僧學習

這二十年的創業路上，我從對領導一竅不通，到慢慢學會調整自己，找到合適的人來帶領團隊。隨著經驗累積，我越來越清楚「用人」的重要性不言而喻。

我一直相信，每個人都有最適合的舞台，只要把對的人放在對的位置，適時放手信任，你會得到的回饋，往往超出想像。

有次我在《商業周刊》看到一篇文章，標題很吸引人：「無能的唐僧，憑什麼能領導孫悟空？」看完之後特別有共鳴。《西遊記》裡的唐僧好像不是傳統的強勢領袖，但他卻能帶領這支奇特的隊伍成功取經，背後其實有四個關鍵特質：

堅定的信念：唐僧對取經的執著，讓他在關鍵時刻給予團隊力量，是大家一路向前的動力。

善於用人：雖然自身能力有限，但唐僧很會發揮徒弟們的長處，讓每個人都在旅程中找到自己的價值。

仁德之心：唐僧對妖怪和徒弟都有仁慈之心，這份胸襟讓他贏得了信任，讓團隊成員願意跟隨。

良好的人際關係：唐僧本性慈悲，廣結善緣，無論是神仙還是皇帝，都願意幫助他，為團隊帶來支持。

正是這些特質讓唐僧成為一位出色的領導者，帶領徒弟們完成取經的目標。他的領導智慧讓人不得不佩服。說真的，我從不覺得自己特別聰明，甚至在專業上也有很多不足，但在創業路上，我始終抱著願意共好的心，結交了一群志同道合的夥伴，並且給予他們充分的信任和空間。

唐僧的智慧讓我明白，帶領團隊其實就像取經。領導者不需要完美，但一定要堅定，包容，心中有信念，還要懂得欣賞每個人的特質。這樣才能凝聚團隊的力量，讓大家心甘情願地一起向著共同的目標前進。

當老闆變成大哥哥

每週一的公司大會，我總是選擇在中午十二點到十二點半，讓大家在開完會後剛好可以去吃午餐。這也是我與公司一百多位同仁面對面聊天的絕佳時機。二十年來，無論公司從最初的幾個人到如今的百人團隊，我還是很珍惜這個時刻。

會議上，當每個部門報告完之後，最後我通常會上台說幾句話。說實話，我從不會特別準備內容，而是隨性分享一些生活中的趣事或感動的經歷，像跟弟弟妹妹聊天一樣的輕鬆；我會和大家分享寫書的心得，也會詢問他們：「等這本書完成出版了，你們會最想分享給身邊哪三位家人或朋友呢？」看著同仁們認真思考的表情，然後分享他們想把書送給父母、伴侶或是好友的原因，這些回饋都讓我覺得寫這本書更有意義了。公司大會上，我不會談論太多工作上的細節，因為各部門的主管們平時已經把工作分配做得很好了。此時，我更想和大家建立真誠的連結。

每次會議結束前，同仁們都知道會有一個已經近二十年的傳統——我的右手只要一伸出來，接著一百多位同仁就會一起把手搭起來，我可是個大嗓門，總是用盡全力，像是在喊口號一樣，帶頭喊：「一、二、三！」然後全公司一起響亮地跟著喊：「加油！加油！加油！」這種情景總是讓大家的士氣大振，實際上也是我和大家一起振奮精神的時刻。

我一直相信，公司的文化就是老闆個性的延伸，這些年來，我和同仁們的相處方式，也隨著公司的成長和大家需求在調整。每隔一段時間，我就會約每個部門的同仁，大概十幾個人一組，一起吃午餐。特別是有新夥伴加入的時候，我更會特別安排時間，跟他們一起吃飯聊天。這些輕鬆交流不僅能讓我認識每個人，也讓大家更瞭解我。慢慢地，同仁們不再只是面對一位老闆，而是成為朋友。每月的第一個星期一，我還會和各部門主管進行輕鬆的午餐會議。這可不是正式會議，而是分享聊天時間。我們聊生活、聊趣事，聊聊最近劉德華的演唱會，有人分享看的過程數度感動得流淚，這樣的故事讓大家都笑得很開心。

每次的午餐都是一個機會，讓我把自己的想法和公司計畫分享給每個人。這不僅讓大家更瞭解公司的未來方向，還能強化彼此共同的目標感。畢竟，我們是一個團隊，大家的努力和心聲都很重要，保持同步才能在這條路上走得更遠。

三十學習、四十深耕、五十突破

轉眼間邁入五十歲，回想這一路的過程。過去三十年，我一直專注在媒體產業，雖然媒體的形式不斷變化，從平面、電視到網路，甚至談到AI和元宇宙，我的核心工作始終如一——用最簡單的話說，就是專注在做業務。

我的成長大致分為三個階段：三十歲之前，我在電視台努力學習，就像一個拚命練基本功的小夥子，埋頭苦幹。三十到五十歲這二十年，外界看我是在創業當老闆，但其實我只是把過去的業務經驗更加落實，用更成熟的方法繼續做業務。隨著時間過去，過去種下的種子慢慢發芽、茁壯，逐漸帶來豐碩的成果。

邁入五十歲，我給自己設定一個新目標：要更有智慧地透過資本架構來做業務。但我的意思不是要靠單純的資本操作來賺錢，而是希望未來能通過資本架構、股權合作、合資或控股等模式，與志同道合的夥伴建立起更加緊密的「臍帶血關係」，打造一個能持續創造價值的商業生態圈。

在如今這個需要快速整合資源和精準協作的行業裡，只有當彼此真正做到「你中有我，我中有你」的緊密聯結，才能跳脫單純的利益計算，減少雙方盤算帶來的摩擦，實現共贏。這樣的合作不僅能放大彼此的影響力，還能激發更多創新，帶來遠超過單打獨鬥的成果。

這也是我對自己未來的期許——我期許自己未來能用更有智慧的方式，站在更高的格局來看待每一次合作，讓業務不僅僅是交易，而是創造價值，成就共贏的過程。

追求心安的自我

在我做決策時，有一件事情是很確定的，我會先確認自己是否能心安。如果在這件事情上我沒有任何顧慮或擔憂，我才能全力以赴。

我的個性一向直來直往，做人做事講求清楚明白，最不喜歡誤會或模糊不清。如果是深交的夥伴或重視的朋友之間發生了什麼事，一旦我知道了，就很難裝作不知道。畢竟，心裡有了疙瘩，之後的互動還能是真誠的嗎？

小劇場別太多，別讓誤會加戲

有一次，我和一位合作夥伴就遇到了這樣的情況。當時我跟他的關係還算密切，但我聽說他和競爭對手接觸過，對方甚至開出優渥條件，希望取代我們的合作。隔天，我決定直接向他提起這件事，畢竟雙方合作基於共贏，我也盡心盡力，沒什麼是不能攤開來談的，與其心裡猜來猜去，不如直接把話說開。

一開始，他有點不自在，但見我態度從容語氣平和，也慢慢放鬆下來，坦言其實是對方主動找上他，但他並無意合作，還把對方的條件告訴我，和我一起分析了其中的利弊。這次的開誠布公不僅消除了我的疑慮，更增進了彼此的信任，讓我們的合作更加穩固。

試想，如果當時我選擇不說，讓疑問悶在心裡；或者某天他得知我早已知道這件事，卻從未提起，內心會不會也覺得不太舒坦？原本幾句話就能說開的事，卻因為我避而不談，無形中各自演出了小劇本。這樣一來，原本坦率信任的關係，會不會因為這層若有似無的隔閡，而產生微妙的化學反應，慢慢影響我們之間的默契，讓未來的合作不再那麼順暢呢？

還有一次，公司的業務取代了同業的生意，而那位同業剛好是我認識的一位前輩。雖然我跟他並不算熟識，我還是特地打電話過去，禮貌地告知他這件事。畢竟我也沒有做錯什麼，直接說明是對彼此的尊重，也能避免日後見面時那心照不宣的尷尬。他也很有風度地表示理解，說商場本來就是這樣，大家各憑本事，完全不以為意。

我分享這些經歷，不是要鼓勵大家遇到心結就魯莽的直接說破，而是想提醒：當我們察覺與他人之間有些微妙的芥蒂時，先判斷對方是否能坦然面對。如果對方也是能把話說開的人，那麼開誠布公往往是更好的方式，總比悶在心裡好！有些人遇到這種情況，為了避免尷尬會選擇忽視，告訴自己：「只是小事，放著不管也沒差。」這種自我安慰看似能讓事情過去，但其實只是逃避。商場上，多一個朋友、少一個敵人總是好事。坦蕩的把話說清楚，不僅能減少隔閡，即便最後成不了朋友，至少也避免了潛在的敵人。

當然，把話說開可能會讓雙方有點不舒服，但至少能瞭解彼此的想法，並一起尋找解決方法。如果選擇避而不談，等到真相浮現時，反而可能更傷感情。明明心裡有疙瘩卻裝作沒事，往往只會讓隔閡加深，把原本簡單的事搞得更複雜。

話說開了，事情才有得解，疑心少了，自己心裡也更踏實。

當機會來敲門，為何我決定放手？

在廣告代理這行業，有時候會遇到讓人心動的合作邀約或商業機會。

有一次，一位同業朋友來找我，說起他代理的某個大媒體。這家媒體公司對代理商的業績要求極高，不僅要求每月達到一定銷售額度，還規定每年必須達到遠高於一般標準的成長百分比。他坦言，每月的銷售壓力讓他有些吃不消，尤其是這種每年都必須超標的要求，讓他開始感到難以負荷。

於是他向我提議，由我們公司以新代理商的身分承接這份合同，他則將業績灌到我公司名下，這樣一來，我們可以以全新代理商的角色，從最低標開始承擔業績要求。他表示，願意將業績分成做為雙方合作的回報。對他而言，這似乎是個紓解業績壓力的好辦法；對我來說，則像是輕鬆入袋的錢。表面上，這的確是一個雙贏的機會。

然而，當我仔細思考這個提議時，心裡總有些不安。雖然這類合作在廣告行業並不罕見，也不能說這種方式不對，但我不喜歡這種僅能帶來短期收益，卻無法長久累積的事，更不希望有朝一日這個消息在業界傳開後，讓人覺得原來傑思·愛德威也會走捷徑，進而質疑我們一向以實力和強大業績著稱的形象，是否也是藉由捷徑堆積而成。這樣的合作雖然帶來短期利益，但難以讓我真正心安，最後，我還是選擇婉拒了這個機會。

有時候慢慢走，比較快

一路走來，每當看到身邊的創業朋友們以驚人的速度達到成功，甚至一路衝到巔峰，我不否認心裡也曾經羨慕過，甚至懷疑自己是不是錯過了什麼，每當那些看似輕鬆的機會出現在眼前，我也會猶豫，擔心推掉的機會會不會是更大的可能性，甚至會想，是不是自己格局太小太保守，限制了自己的發展。

隨著時間過去，我慢慢看清楚，有些朋友的確有過人的天賦和才華，勇於抓住機會就是他們的本性，而且到今天，他們依然屹立在成功之巔；但也有些人，因為行事過於投機或靠著一些運氣，來得快去得也快，最後只是曇花一現。

這讓我更加明白，選擇穩紮穩打，或是果敢出擊，背後其實並沒有絕對的對錯。無論是保守還是激進，這些都只是選擇，每個人在不同階段，選擇符合自己本心的路，才是關鍵。

我意識到，如果勉強自己去追逐內心深處其實並不認同的機會，心裡缺少一份踏實，即使表面看起來成功了，深層的抗拒也會讓人虛浮不安。即便對外談起這個機會時，表面上看起來自信十足，但其實心裡底氣不足，裡面的虛浮是無法掩飾的，這種矛盾最終會讓人失去自我，給人一種輪廓不清、內外不一致的感覺。

隨著對自己的瞭解越來越深，我逐漸找到了自己的準則：不隨波逐流，不勉強自己接受讓人不安的機會，讓自己踏實且穩定的選擇，才是最好的選擇。

雖然身邊有不少朋友事業成功，光鮮亮麗，但也有些人私下坦言，即使看起來風光，內心卻一直不安定，承受著巨大的壓力和焦慮。相比之下，我很感恩自己有這份餘裕，願意選擇一條符合本心，讓內心平靜的路。這一路走來，少不了貴人相助和公司同仁們的支持，讓我能在不被現實壓力牽制的情況下，堅持自己的步伐。也許這樣的節奏慢了一點，但隨著經驗的累積，我依然能一步步逐漸建立起自己的自信與底氣。

年輕時，我或許不知道確切的目標，但至少知道自己不想走什麼路。現在，我更明白自己真正想追求的是什麼：凡事順其自然、心安理得的走下去，比一時的成敗或財富更為重要。有時候，選擇慢慢走，反而比較快；心安，即是道。這是我這段創業路上，一路走來所領悟的安心之道。

感恩：自我成長的最佳滋養劑

感恩，真的是一種讓心態成長的最佳養分。年輕時，我其實對這個詞沒什麼特別的感受。剛進社會時在電視台做業務，看到自己的薪水在同輩中還算不錯，心裡就已經挺滿足了。但創業後，特別是過了四十歲，接觸的朋友和社交圈越來越大，才發現自己身邊有許多家境優渥、學歷高、從國外名校回來的朋友，不管是創業家、企業二代還是專業經理人，各個實力不凡，上進又拚搏，真的是優秀得讓人佩服。

有時候也會想，是因為我家境普通、學歷只是五專畢業，才比不上身邊這麼多優秀的人？但換個角度看，正因為我是從什麼都沒有的起點出發，才讓我每得到一點就格外滿足，特別感恩。或許這樣的人生劇本正好成就了我，讓我選擇從基層廣告業務做起，一步一腳印走到今天的創業之路。

若是我的人生劇本真的不同，或許我會有另一種選擇，可能因為背景的不同而對業務這份工作少了一些珍惜，遇到挑戰也未必願意放下身段去解決，因而錯過了這份熱愛的事業。畢竟，每個人有自己的起點和背景，這世上永遠有起點更高更優秀的人，無論怎麼比都比不完，所以，轉個念，我反而感恩自己這樣平凡的出身，才成就了今天的我。

這些年來，遇到許多貴人的幫助和提攜，加上一路陪伴的主管和團隊，才讓我取得現在這些小小的成績。我始終清楚，成就從來不是靠自己一個人就能達成的，心裡對那些曾經幫助過我的人充滿了感激。

慶幸的是，我也算是一個容易滿足的人，吃到喜歡的小吃、買了支新手機，就能開心好一陣子。或許也正是這知足的個性，讓我在激烈的競爭中逐漸找到讓自己心安的方式。不和別人較量，而是專注於自己擁有的一切，感恩所有過去的經歷，這才是對自己最有善意跟有意義的滋養。

人生優先清單：你的答案是什麼？

一向健康的我，今年年初卻偶爾感到一陣莫名的暈眩。因為症狀並不明顯，我起初沒放在心上，直到有天開會時突然全身不適，狀況嚴重到必須送急診，這才讓我真正意識到健康亮起了紅燈。

檢查後，醫生告訴我，初步診斷是中度到重度的心血管堵塞，還有可能需要進行支架手術。聽到這消息的當下，我真的被嚇壞了，家人也跟著擔心不已。而接下來將近一個月的繁瑣檢查與漫長等待，讓我日夜難安，如坐針氈。

幸運的是，心導管檢查的結果顯示堵塞程度沒有想像中那麼嚴重，只需要藥物控制即可。當聽到這個結果時，內心湧起滿滿的感恩，那種心情就像坐完一場雲霄飛車般劇烈起伏。雖然這不算真的從鬼門關走了一遭，但這段經歷帶給我的驚嚇深刻不已。當一聽到醫生初步的診斷結果時，一股無力感湧上心頭。當健康出了問題時，無論擁有多少資產、再成功的事業或多麼努力，這些都無法替你抵擋這樣的危機，沒有健康，這一切還有什麼意義？

幸運的，這場虛驚平息了，讓我開始重新審視自己的生活。一路走來，人生似乎充滿著追求、目標和責任，而如今我已年過半百……回頭看看這些年的足跡，我不禁問自己：對我而言，什麼才是真正重要的事？

幸福的本質

最幸福的時刻，往往來自於生活中最平凡的事。

有一天，一位好友的一段話深深觸動了我。他說：「Jason，告訴你，什麼是幸福？幸福就是，當我因為開會而一再延遲了和老婆、孩子見面的時間，最後終於趕到時，看到老婆推著娃娃車向我走來，對我微笑，沒有一句責備，只說了句辛苦了，這就是幸福。」聽完這話，我才發現，原來幸福真的就是那些生活中看似理所當然的小事。回顧一路走來，很感謝由於自己的努力，讓我現在在工作和生活中多了些選擇的餘裕，不再被迫追趕，可以先安排那些真正重要的事。對我來說，家人始終是最踏實的存在。無論工作多繁忙，回到家見到他們，心總能安定下來。那些平凡的相處時光，就是最珍貴的幸福。

健康也是如此。過去總把健康放在一邊，直到幾次身體出現警訊，才讓我真正體會到那些看似理所當然的事，其實才是最不該忽視的根本。隨著年紀增長，慢慢明白，幸福不僅在於健康和家人，還在於能夠自由掌控自己的時間。擁有時間的自主權，讓我能按自己的步調生活，隨心所欲地安排工作與生活的平衡，不再為了追趕什麼而失去當下的安穩。

朋友的話讓我深感共鳴：「以前，是為了生活而不得不做出選擇；現在，能選擇如何生活，這是一種昇華。」原來，幸福就是在平凡的生活中找到心安和滿足，並在當下擁有選擇的自由。

我和家人相處的那些二三事

從小到大，我和父母之間一直帶著微妙的情感。印象中，父母的工作總是很忙，所以我和曾祖父以及奶奶特別親。他們總是牽著我走街串巷，陪我度過了許多日子。家裡雖然算不上富裕，但日子過得踏實，長輩們也格外疼愛我，總是把最好的留給我。

父母對我的管教一向開放，從不嚴格要求或施加壓力，他們一向支持我去嘗試自己想做的事。我也不算叛逆，只要不惹出什麼大事，他們都會成全我。然而，這份支持之下，父母各自鮮明的個性也常帶來些小摩擦，有時讓我哭笑不得，也偶爾感到無奈。

在我的印象裡，軍人出身的父親脾氣爽朗，紀律分明，遇到事時總覺得自己才是對的。而我可能也遺傳他的脾氣，屬於吃軟不吃硬的人，遇到意見不合時，兩人往往誰也不服誰；結果，可能一件芝麻蒜皮的小事，也會因為彼此的堅持演變成對峙，像兩條平行線，怎麼也交集不到一起。小時候，我常覺得父親不通情理，埋怨他不肯聽我說，但這些爭執隨著我長大也沒太大變化，即使是小事，也會觸發我們之間的分歧，最後各說各話，僵持不下。每次事後，我總會想，「這種小事，何必呢？」有時候甚至會忍不住自嘲，為什麼自己在工作上能對同事與客戶那麼有耐心，甚至面對再不講理的對方，也會想方設法去與他人溝通，但為什麼和父親之間，這套辦法卻好像行不通呢？

母親則是讓我親近又常掛心的存在。她是一個傳統的客家女性，勤儉持家早已成了她的「專長」，甚至以此為榮。看她辛苦工作攢錢，卻總捨不得花在自己身上，心中既生氣又著急。我總想買些好東西送給她，她卻總說太貴了、捨不得，一次次拒絕我的好意；看著她省吃儉用，我不理解明明辛苦了這麼多年，為什麼不肯對自己好一點？

成長的過程中，我一直認為父母的這些特質是缺點，並且自以為清楚這些問題在哪。每當覺得父親又固執起來，或母親再次節儉過度，我的內心總會嘀咕又來了，這些小摩擦似乎成了我們相處的日常，讓我生氣又覺得有些無奈。隨著年紀漸長，特別是經歷那場健康上的驚嚇之後，我開始重新審視這些「缺點」。或許，是時候轉個念，試著去理解這些讓我頭疼的特質了。如果自己真的那麼在乎家人，又明白他們在我人生中的分量，或許是時候做出些改變。畢竟，一味走老路，是無法到達新的目的地。

難道「人在心不在」也是遺傳？

我一直覺得自己在工作和生活上算是open-minded的人，願意包容不同的意見，也自詡不要預設立場。然而和家人卻是個例外，或許因為太熟悉了，總覺得彼此理應心照不宣，結果我的某些習氣常輕易浮現，自己都沒發覺。曾經看到一句話：「人總能看到別人的問題，卻忽略自己身上的缺點。」我當時雖心有戚戚焉，但僅只套用在職場上，完全沒意識到這話其實也適用在家庭。直到某天這句話又浮現腦海，我才突然頓悟：啊，這不就是我和家人之間的真實寫照嗎？

有了這層領悟後，我開始打開我的耳朵，試著去聽家人說的話；結果發現，過去被我當成耳邊風的話裡，竟藏著一些自己從未留意的重點；比如小時候，父母總是忙於工作，當我滿心歡喜地跑去分享學校的新鮮事，他們常常只是心不在焉地應著，甚至會打發我去找弟弟妹妹玩。那種感覺就像對著一扇沒開的窗戶說話，說到最後，我自己都覺得無趣了。

有趣的是，現在換我女兒站在我面前抱怨：「爸比，我跟你說的話，你根本都沒在聽！邊聽邊滑手機，跟人在心不在有什麼兩樣？」有時候她甚至會丟下一句：「你說爺爺難溝通，我覺得你跟他差不多！」

那一刻，我才驚覺，自己一直視為是父母缺點的這些「視而不見」和「聽而不聞」的習慣，居然傳到了我身上！讓我不禁汗顏，甚至有點哭笑不得，這也才開始漸漸意識到，有時候父母的問題，並非他們不願意改變，而是根本沒有人教過他們該怎麼做。他們的行為模式，或許與他們成長背景息息相關。無論如何，這些讓人無奈的行為背後，其實都藏著他們最真摯的心意。

他不是不願意，只是沒那個能力

其實，母親省吃儉用的終極目標根本不是為了她自己，而是為了我們兄弟姊妹。不管大家生活多穩定，她總是擔心我們會吃苦。她不是不願意享受，而是腦中早已被「為孩子著想」這個程式佔滿了，哪還有空去考慮自己？這份愛只是下意識被她轉換為「要節儉」而不小心畫上等號罷了。

父親的情況也是如此。以前我常埋怨他不夠親近，總是顯得固執、難溝通。仔細想想，父親的強硬或許並非出於刻意，而是他真的不知道該怎麼做。軍人出身的他，從小就生活在紀律之中，加上爺爺早逝，他從未感受過父愛，自然也無從學起。其實，他只是沒學會其他的表達方式罷了。說到這裡，父親也不是完全不懂柔軟。每當我跟他說在創業中遇到的困難或不公平待遇時，他總是比我還氣得跳腳，甚至替我打抱不平。看著他激動的樣子，我突然感到，儘管父親表達情感的方式顯得生硬，但他的支持是厚實的溫暖而真切。

而我呢？我自己真的有做得那麼好嗎？事實上，我自己也有不少毛病，只是總是在面對家人時被我理所當然地忽視罷了。與其一味想著改變他人，不如試著轉變自己的心態，放下期待，回頭看看自己的行為，試著調整自己，或許能帶來更多理解和自在。

隨著年紀增長，我逐漸明白，每個人都有自己表達愛的方式。或許這些方式不夠完美，甚至有時讓人心煩，但背後的起心動念始終是為我們著想。雖然現在偶爾還是會和家人起些小摩擦，但我試著在這些互動裡多些幽默和包容。幾十年來的相處模式，說改就改其實沒那麼容易，但當開始看見彼此底下真實的心意後，這些摩擦似乎也輕盈了不少。

家人的存在，就是生活中那份最自然、帶點不完美的真實，而我也在與他們相處中，不斷學會包容和成長。

放慢腳步，享受生活

過去的我，常常被工作占據了大部分的心神，對生活中的小風景幾乎是麻木的。每次想到應該要為自己安排一個放鬆的長假，總會下意識地覺得這種事並不重要，甚至找一堆理由推託，比如，擔心一旦出國休假，同仁們的工作量可能因此增加，還怕被人背後議論說我身為老闆怎麼可以這麼輕鬆；又或者，女兒還小，離開她太久總讓我放心不下；其實，這些不過是我自己設下的無形枷鎖。

現在，我開始學著享受生活中的小樂趣，就連旅行的方式也跟以前大不相同。以前除了工作出差，私下去過的國家其實少得可憐，即便偶爾去旅遊，也多是選擇跟團，認為看得多、走得快才算不浪費時間。的確，跟團旅行讓我去了不少地方，但那些匆匆的行程，許多景點都是走馬看花，留下的記憶模糊不清，連當地的氛圍都忘得差不多了。

今年，我終於決定替自己安排一場真正的自助旅行——三週的澳洲之旅。這是我第一次全程跟家人一起做功課，查資料、研究交通，瞭解每段路線，找當地特色小店，甚至為了一個地道的咖啡館去瞭解地圖和轉車方式，這一切都充滿了新鮮感。

過去我總覺得凡事一定要做足準備，事情得按照計劃走，才會感到踏實和有安全感，但這次的旅程卻教會了我另一種態度：即使事先安排得再周全，也難免有計劃趕不上變化的時候。比如在墨爾本，有一天原本確定好的交通路線，到了現場卻怎麼也找不到站點，才發現當地因為公共工程封路，整個計劃都被打亂。以前的我可能會因此懊惱，急著想要把事情重新安排好，但這次卻決定隨遇而安，結果，誤打誤撞之下，卻意外走到了一個美麗寧靜的小公園，乾脆就躺在草地上曬太陽、小憩一會兒，好不愜意。另一次，我們在雪梨的小巷弄裡隨意亂逛，進入一家毫不起眼的小店，卻吃到這輩子最道地的重慶麻辣鍋，那滋味到現在仍難以忘懷。這些意外插曲，反而成了旅程中最讓人回味的部分。不管路走對還是走錯了，都沒那麼重要，當下的體驗才是最珍貴的。

以前總覺得偶爾花大錢買東西犒賞自己，就是對自己好，認為這才是享受。現在或許是因為願意放慢腳步了，又或許是心境不同了，才發現平淡的生活裡也有濃厚的滋味，我慢慢喜歡上這樣的日子。有時候，和家人待在家裡，就算沒做什麼特別的事，只是一起買菜煮飯、追劇，都能讓我感到很幸福。

Be real, not perfect

我一直都有一點完美主義的傾向，這種完美主義不是直接顯露在外，讓別人覺得你很難搞的那種，而是我自己心裡會忍不住糾結，覺得事情呈現出來的樣子還不夠好，結果常常搞得自己很累。為了提醒自己不要那麼執著，我決定在左手臂上刺一句話：「Be real, not perfect」。每次拉起袖子看到這句話，它就在告訴我：生活不需要太完美，接受它真實的樣子就好。

還記得刺青那天，剛好是新車交車的隔天。我開著剛到手的特斯拉到一個老社區，為了找停車位繞了好久，好不容易找到位置，結果一停進去，卻不小心刮到了車身。當下，我確實很懊惱，一陣心疼，隨即轉念一想，今天不就是要來刺「Be real, not perfect」嗎？這不正是在提醒自己別再執著於完美嗎？想到這裡，我忍不住會心一笑，那小小的刮痕，彷彿是生活給我的一個提醒。

這個刺青對我來說，不只是手臂上的圖案，而是一個心態的改變。每次拉起袖子看到手臂上的這句話，我都會提醒自己，生活中總會有不完美、不盡如人意的時候，但這些其實都不會影響我過好每一天。

如果說五十歲前的我是為目標全力奔跑，那五十歲後的我更願意一邊前行，一邊細細感受腳下的每一步。坦然欣賞每一段走過的風景，以從容、輕盈的姿態，迎接下一個階段的事業與人生。